Karl Zeiss

Die Staatsidee Pierre Corneilles

mit einer Einleitung über die politische Literatur Frankreichs von der Renaissance bis auf Corneille in ihren Hauptvertretern

Karl Zeiss

Die Staatsidee Pierre Corneilles
mit einer Einleitung über die politische Literatur Frankreichs von der Renaissance bis auf Corneille in ihren Hauptvertretern

ISBN/EAN: 9783743688322

Hergestellt in Europa, USA, Kanada, Australien, Japan

Cover: Foto ©ninafisch / pixelio.de

Weitere Bücher finden Sie auf **www.hansebooks.com**

Die Staatsidee Pierre Corneille's

mit einer

Einleitung über die politische Litteratur Frankreichs von der Renaissance bis auf Corneille in ihren Hauptvertretern.

Inaugural-Dissertation

zur

Erlangung der Doktorwürde

der

philosophischen Fakultät der Universität Leipzig

vorgelegt von

Karl Zeiss

aus Meiningen.

Meiningen.
Druck der Keyssner'schen Hofbuchdruckerei.
1896.

Die Staatsidee Pierre Corneille's

mit einer

Einleitung über die politische Litteratur Frankreichs von der Renaissance bis auf Corneille in ihren Hauptvertretern.

Inaugural-Dissertation

zur

Erlangung der Doktorwürde

der

philosophischen Fakultät der Universität Leipzig

vorgelegt von

Karl Zeiss

aus Meiningen.

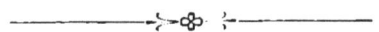

Meiningen.
Druck der Keyssner'schen Hofbuchdruckerei.
1896.

Meinem lieben Vater.

Inhalt.

Seite

Einleitung: Die politische Litteratur[1]) Frankreichs von der Renaissance bis auf Corneille in ihren Hauptvertretern (Ronsard, Hotmann, die Vindiciae contra tyrannos, Étienne de la Boëtie, Bodin, die Satire Ménippée, Malherbe) 1

Die Staatsidee Corneille's 40

  Vorbemerkungen über den politischen Charakter der Dichtung und die Quellenbehandlung Corneille's 40

  I. Der Staat im allgemeinen . 52
  II. Die Monarchie . . 53
  III. Die absolute Monarchie 56
    A. Der Monarch 57
      1. Der König als Stellvertreter der göttlichen Macht 57
      2. Sittliche Stellung des Monarchen . 60
      3. Die rechtliche Stellung des Monarchen . 87
        a. Der Umfang der monarchischen Gewalt 87
        b. Legitime Abkunft. — Erblichkeit . 91
        c. Primogenitur. — Salisches Gesetz . . 93
        d. Ebenbürtigkeit 94
      Anhang: Der Hof 94
    B. Die Unterthanen 97
      1. Die Minister 98
      2. Die Pflichten der Unterthanen gegen Fürst und Vaterland 103
      3. Besondere Stellung des Adels . . 113
      4. Das Volk 118
    C. Staat und Kirche . 123
  Schlussbetrachtung . . 128

---

[1]) Wir fassen den Begriff der politischen Litteratur weiter als es gewöhnlich geschieht, indem wir darunter nicht nur die staatswissenschaftlichen Werke von Juristen und Politikern, sondern auch die schöne Litteratur insoweit verstehen, als in ihr vorwiegend politische und patriotische Fragen behandelt werden.

für seine Aufnahme aufs beste vorbereitetes Reich. Deshalb hat er in Frankreich auch alle ihm entgegenlaufenden Strömungen siegreich überwunden und sich immer wieder durchgesetzt. Unter Franz I. und Heinrich II. nimmt der Absolutismus einen glänzenden Aufschwung. Die Toulouser juristische Schule verficht den Satz des römischen Rechts: Quidquid principi placuit legis habet vigorem. Budé zeigt sich in seinem Buche De l'institution du prince (Paris 1547) erfüllt von der Verehrungswürdigkeit und Majestät des Königs. Das Volk hat nach ihm seine Rechte in die Hand des Königs gegeben, damit er der künftige Vater der grossen, unzählbaren Menge sei. Der König ist durch nichts beschränkt: Princeps legibus solutus. Nur soll er seine Gewalt nicht missbrauchen, wagt Budé zu mahnen. Ein Du Moulin verteidigt mit Nachdruck die Unabhängigkeit des französischen Königs vom Papsttum [1]) und überbietet alle absolutistischen Politiker in dem Satz: La loi de succession doit être respectée quand même elle donne le trône à un fou, sauf la décision contraire des états généraux. [2])

Um die Mitte des 16. Jahrhunderts ist nicht nur bei den politischen Schriftstellern jeder Widerstand verstummt, auch die Masse des Volkes steht dem absoluten Herrschertum treu zur Seite. Unvergleichlich loyal ist, hören wir 1547, dieses Volk, sein Wahlspruch ist über seinen Stadtthoren zu lesen: un dieu, un roi, une loi, une foi. [3])

Es ist natürlich, dass dieser rasche Aufschwung der absoluten Monarchie, begleitet von einem Erstarken des Nationalgefühls, seinen Niederschlag auch in der Dichtung der Zeit hinterlässt. Wir dürfen zwar in diesen Zeiten nicht schon eine tiefere Auffassung und Begründung des Absolutismus in der Dichtung zu finden hoffen. Aber fast ausnahmslos stellen sich die Dichter entschlossen in den Dienst des aufstrebenden Königtums. Das absolute Königtum zog eben alle frischen Kräfte unwiderstehlich an sich; denn es war das Neue, es stellte den Fortschritt dar.

Zunächst wird die patriotische Dichtung durch grosse, eindrucksvolle Ereignisse der äusseren Politik, wie den Sieg von

---

[1] Ranke Französische Geschichte, I. 379.
[2] Weill, Les théories sur le pouvoir royal en France, S. 26.
[3] Marcks, Gaspard v. Coligny, S. 183.

Marignano, entfacht. Eine wahre Hochflut von Dichtungen aller Art hat dieser Sieg hervorgerufen. In diesen Kriegszeiten hat sich eine eigene Art der Volkspoesie in den Kreisen der Söldner gebildet.[1] Daneben aber besingt auch die kunstmässige Poesie Glück und Unglück der Herrscher und des Landes. Die Dichter der burgundischen Schule, wie Meschinot, Jean le Maire u. a., stehen im Dienste der französischen Politik.

Clement Marot, dessen Vater schon eine »Verteidigung gegen die Neider, Feinde und Verleumder Frankreichs« geschrieben hatte, zeigt sich auch darin als wahrhaft nationaler Dichter, dass er mitfühlend an den Siegen und Niederlagen seines Volkes Teil nimmt. Er singt Du triomphe d' Ardres et de Guignes, par les rois de France et d' Angleterre (1520); er befindet sich selbst unter den Gefangenen von Pavia. Wenn er hier vor Schmerz über die Niederlage lieber nichts singen will, so stimmt er um so freudiger seinen Gesang zur Feier des Friedens von Cambrai (1529) und Nizza (1538) an, und der glänzende Sieg von Cérisole (1544) giebt seiner patriotischen Muse neuen Stoff.

Auch sein Zeitgenosse Rabelais steht ohne Zweifel auf der Seite der Anhänger eines absoluten Königtums. Wenn dies aus seinem Gargantua et Pantagruel nicht ohne weiteres klar wird, so liegt es eben daran, dass sein Interesse kein politisches, sondern insbesondere ein Bildungsinteresse«[2] ist.

Mit der Mitte des 16. Jahrhunderts beginnt die Wirksamkeit einer neuen litterarischen Schule: der Plejade. So sehr sie sich auch in der Dichtkunst in Gegensatz zu Marot setzen mochte, in der Politik zeigte sich doch in beiden dieselbe Richtung. In dem Aufgeben der nationalen dichterischen Traditionen liegt ja wohl ein Mangel an Patriotismus, doch wird man diesen Vorwurf nicht gegen die Plejade erheben können, wenn man bedenkt, dass sie bei ihren Neuerungen nur den Ruhm und Glanz ihrer vaterländischen Kunst im Auge hatte.

Du Bellay hat schon im Manifest der Plejade, der Défense et Illustration de la langue française ihr Werk als ein patriotisches charakterisiert mit den Worten: A l'entreprise de laquelle rien

---

[1] Lenient, »La Poésie patriotique en France dans les temps modernes«, Bd. 1, S. 69 ff.

[2] Birch-Hirschfeld, Geschichte der französischen Litteratur seit Anfang des 16. Jahrhunderts. Bd. 1, S. 268.

ne m'a induit que l'affection naturelle envers ma patrie. (Ausgabe der Werke Rouen 1592 Bl. 1.) Wenn er auch von dem »Poète courtisan« nichts wissen wollte, so ist er doch immer ein guter Patriot geblieben. Sein etwas sentimentaler Patriotismus findet besonders seinen Ausdruck in den auf italienischem Boden geschriebenen, innige Liebe zur Heimat bezeugenden »Regrets« (erschienen 1559) und in einigen Gelegenheitsgedichten.

Auch Remy Belleau findet innige Worte, wenn er seiner Heimat gedenkt. Daneben besingt er aber auch die kriegerischen Erfolge seines Landes, wie den Sieg von Montcontour (1569). Wie der politisch etwas indifferente Baïf, besingt er besonders warm den Frieden.

Auch in diesem »litterarischen Patriotismus« ist Meister und Vorbild der Genannten Pierre de Ronsard. Da er bis zum Auftreten Malherbe's einen beherrschenden Einfluss auf die französische Litteratur ausübte, zugleich aber in seinen Dichtungen politisch ist wie keiner seiner Genossen von der Plejade, so müssen wir etwas länger bei ihm verweilen.

Unter den ersten Stücken, die er 1549 veröffentlichte, ist auch eine Hymne auf Frankreich und hier erklingt schon gewaltig der Grundton seiner ganzen Poesie: die glühende Liebe zu Vaterland und König.

Zum Preise seines Vaterlandes, seines Frankreich »mit den schönen Städten« (Bd. V, S. 284)[1]) stimmt er seine »goldene Leier« an. Da blühen als Zwillingsschwestern Rechtlichkeit und Gerechtigkeit wie zwei schöne Lilien oder Rosen im Frühling auf dem Felde. Mit einem »Augenwink« kann Frankreich eine Welt zum Kriege waffnen; reich an Städten und Häfen erstreckt es weit über die Meere seine Herrschaft. Dabei geniessen seine Bürger eines lange währenden Friedens im Schutze der »göttlichen und bürgerlichen Gesetze«. In leuchtenden Farben schildert der Dichter die blühenden Gefilde des Landes, die Milde des Klimas und die Fruchtbarkeit des Bodens:

Toujours la France heureusement fertile,
Donne à ses fils ce qui leur est utile. (Bd. V. S. 286.)

Vergebens droht ein Feind dem Lande, das Jupiter beschützt; der Herrscher der Götter sieht in seinen Bewohnern die Nach-

---

[1] Wir citieren nach der Ausgabe von P. Blanchemain, Paris, 1857—1867, 7 Bd.

kommen Hektor's, »sa race légitime«. Auch das Lob der Frauen fehlt nicht: Schönheit und Ehrbarkeit (le sein, où l'honneur fait son ni) sind in ihnen vereinigt. Poesie und Musik verschönen das Leben; sie haben in Frankreich den Ruhm, den sie im Altertum genossen, wiedererlangt.

Stolz ist auch der Dichter auf die Vergangenheit seines Volkes, auf Karl den Grossen und Roland, auf Bayard, und leicht findet er einen Übergang von der glorreichen Vergangenheit zur Gegenwart und zu König Heinrich, dem »fléau de la malice«. (Bd. V, S. 288). Noch teilt er uns, die wir weniger gläubig sind als seine Zeitgenossen, mit, er habe zum ersten Mal in Frankreich das Lob seines Vaterlandes in Versen gesungen und schliesst mit einem vertrauensvollen Aufblick zu den »heiligen Augen« seines grossen Königs.

Im folgenden Jahre (1550) erschienen die ersten vier Bücher der Oden. Sie sind dem König Heinrich II. gewidmet, und jedes der Bücher beginnt mit einer oder mehreren Oden zu seiner Verherrlichung. Wie die Alten mit Jupiter ihre Poesien verschönten, mit ihm ihre Werke begannen und schlossen, so soll Heinrich II. des Dichters Gott sein:

Mais Henry sera le Dieu
Qui commencera mon metre,
Et que seul j'ay voué mettre
A la fin et au milieu. (Bd. II, 1. Buch, S. 42.)

Und der Dichter besingt mit Recht den König, der in den Waffen und im Gesetz der grösste von allen ist:

Le plus grand roy qui se treuve
Soit en armes ou en lois. (Bd. II, 1. Buch, S. 41.)

Von der Grösse dieses Königs hätten nicht nur er, sondern auch seine Brüder und sein Vater gelebt. Für seinen König könnte der Dichter selbst Jupiter den Donnerkeil aus den Händen reissen. Und wenige Zeilen nach diesem prahlerischen Aufschwung seiner Dankbarkeit die Bitte, von deren Erfüllung die dichterische Verherrlichung des Königs abzuhängen scheint:

. . . . donne-moy
Ce que tu m'as promis, et pour la recompense
Je t'appreste un renom, et à toute la France

Qui vif de siècle en siècle à jamais volera,
Tant qu'en France françois ton peuple parlera
(Bd. II, 3. Buch, S. 177.)

In der 1. Ode des 5. Buches, die ebenfalls aus dem Jahre 1550 stammt, nimmt des Dichters Phantasie den höchsten Flug, indem sie den König unter die Götter versetzt:

Eternisant d'un vœu prospere
Nous, nos femmes et nos enfants,
Quatre nouveaux Dieux triomphans,
Toy, ton fils, ton frère et ton père.
(Bd. II, 5. Buch, S. 299.)

Und so bleibt ihm nichts anderes übrig als Catharina von Medici als die Mutter von Göttern zu feiern. (Bd. II, 3. Buch, S. 177.)

Wenn das Lob Heinrich's II. aus so vielen Oden uns entgegentönt, so geschieht es, abgesehen von der Erwartung auf die künftige Belohnung, weil der Dichter in diesem Fürsten sein Ideal sieht, in ihm die Grundlage jedes wahren und sicheren Königtums, die Tugend und die Vernunft zu erkennen meint. Mit diesem Gedanken, der oft in seinen Werken wiederkehrt, beginnt er die 1. Ode des 1. Buches:

Toute royauté qui desdaigne
La vertu pour humble compaigne
Dresse toujours son front trop haut,
Et, de son heure outrecuidée,
Court, vague, sans estre guidée
De la raison, qui lui défaut.
O roi par destin ordonné
Pour commander seul à la France,
Le Dieu tout puissant t'a donné
Ce double honneur dés ton enfance.
(Bd. II, 1. Buch, S. 23.)

Der Dichter feiert ausser Heinrich auch den Dauphin Franz (S. 181, 212) und den Prinzen Karl (späteren Karl IX.), ohne viel Abwechslung in der höfisch übertreibenden Lobeserhebung.

Im Jahre 1555 veröffentlichte Ronsard seine Hymnes«, die er der Herzogin Margarete von Savoyen widmete.[1])

---

[1] Blanchemain Vie de Ronsard (Oeuvres complètes, Bd. I, S. 28.)

Wenn er Heinrich II. besingt, so beginnt er mit dem Gedankengang, den wir schon in der 2. Ode des 1. Buches fanden: schickt man sich an, die Götter zu besingen, so muss Jupiter, ihr Herrscher, der Anfang und das Ende alles Lobes sein; bei poetischen Verherrlichungen der Könige aber muss man mit Heinrich, dem Monarchen Frankreichs beginnen und endigen als dem König qui surpasse en grandeur les plus grands de ceste terre basse«. (Bd. V, S. 64.) Da der König tausend Tugenden besitzt, so ist der Dichter begreiflicher Weise in Verlegenheit, mit welcher er anfangen soll. Ein besonderes Lob aber zollt er doch der Freigebigkeit des Königs als einer von den vielen Eigenschaften, die ihn in den Himmel versetzen.

In der Hymne De l'or« (Bd. V, S. 213), die er an seinen Lehrer Dorat richtet, betont der Dichter mit Nachdruck das Recht der Erbfolge bei den Königen von Frankreich. Schon seit 1000 Jahren hätten sie Frankreich unveränderlich unter ihrem Gesetz, und immer grösser sei ihre Macht geworden. Heinrich sei so als der letzte in der Reihe zugleich der mächtigste.

Später hat der Dichter auch an Heinrich III. eine Hymne und zwar anlässlich des Sieges von Montcontour (Okt. 1569) gerichtet. Der König konnte sie auswendig, was uns eine Anspielung im Bocage royal[1]) beweist. Heinrich habe, so sagt uns der Dichter, seine Krieger führend, mit Lorbeeren seine Stirn und sein Diadem geschmückt, als vollkommener Feldherr habe er mit eigener Hand das gethan, was er anderen befohlen. Den nun schon 8 Jahre dauernden Krieg, der die Herzen der Unterthanen bedrücke, habe er beendet. Er habe, was die Alten nicht vermocht, in einer Stunde vollbracht. Vom ersten Strahl der Sonne bis zum Augenblick, wo sie ins Meer sinkt, wollen wir Heinrich, den Liebling des Mars und der Jugend besingen, so schliesst der Dichter (Bd. V, S. 147).

Unter den Hymnen, die Grossen des Reiches zugeeignet sind, ist von besonderem Interesse die »De la justice« an Karl, den Cardinal von Lothringen. Der Dichter kann nicht alle Tugenden des Cardinals besingen, deshalb wählt er nur eine aus, auf die er besonderes Gewicht legt, und die seinem Gönner am allereigensten (la plus tienne) ist: die Tugend der Gerechtigkeit. Der

---
[1]) Blanchemain, Bd. III, S. 277.

Dichter schildert, wie die Gerechtigkeit von der Erde vertrieben wird, wie die Götter Rat halten über die rebellischen Menschen und lässt Thetis die Prophezeiung aussprechen, die Gerechtigkeit werde erst dann auf die Erde zurückkehren, wenn in Frankreich Heinrich II. und Karl von Lothringen lebten. Die Gerechtigkeit wird gepriesen als die notwendige Grundlage jeder gedeihlichen Herrschaft, sie bedinge den Gehorsam des Volkes, wie das Glück im Krieg. (Bd. V, S. 106 ff.)

Nicht nur in Hymnen und Oden, auch in Sonetten singt er zum Preise der Könige und des Vaterlands. Die Grösse der Könige ist der Grösse der Götter gleich, und Heinrich II. wird man dereinst als den Vater dieser Könige rühmen (Sonnets Divers, Bd. V, S. 301). Nicht oft genug scheint der Dichter wiederholen zu können, dass Heinrich II. nach seinem Tod unter die Götter versetzt werden wird. (Sonnets Divers, Bd. V, S. 302.)

Wenn der Dichter auch dem Mut des Königs, den er im Krieg zeigt, Lob zollt, so ruft er ihm doch eindringlich zu, dass auf den Krieg der Frieden folgen müsse, damit die Dichtkunst wieder blühe und sich einer finde, der die Thaten des Königs besinge; denn

. . il vaudroit autant ne les avoir point faits,
Si la postérité n'en avoit cognoissance.
(Sonnets Divers, Bd. V, S. 303.)

Und auch den Dauphin Franz mahnt er zur Milde, zur Schonung besonders christlichen Blutes. Rebellen möge er niederschlagen, aber den Besiegten dann auch verzeihen.

Kräftiger, zu Mut und Entschlossenheit anfeuernd klingt seine Sprache, wenn er sich an Karl IX. wendet. Wir wissen aus der Geschichte, wie sehr der immer schwankende König solcher Mahnungen bedurfte. »Nachzudenken[1]), den Geschäften des Staates, in denen doch nichts ohne ihn geschehen konnte, ernstliche Aufmerksamkeit zu widmen, selbst Entschlüsse zu fassen, war nicht seine Sache.« Beispiele grosser, kraftvoller Helden stellt der Dichter deshalb vor sein Auge; das Beispiel des Herkules möge er nachahmen:

Par tels degrez les Roys deviennent Dieux.
(Sonnets Divers, Bd. V, S. 305.)

---

[1]) Ranke, Französische Geschichte« I. 4, 338.

Und der Dichter durfte es wagen, diesem König gegenüber gelegentlich freier und kühner zu sein, denn er war mit ihm seit der Thronbesteigung in inniger Freundschaft verbunden.[1]) Der König hatte dem Dichter eine Wohnung in seinem Palast verliehen; er stand, wenn er auf Reisen war, in Briefwechsel mit ihm; er überhäufte ihn mit Pensionen und Gnadengeschenken. Ja er hat ihn sogar einmal in seiner Priorei von Saint-Cosme, in Begleitung der Königin Mutter und seiner beiden Brüder, selbst aufgesucht.

Um so wärmer und inniger klingen deshalb auch die Worte des Dankes und Lobes. Die Tugend sei dem König angeboren (la vertu qui vous est naturelle, Sonnets Divers, Bd. V, S. 305) und auch äusserlich gleiche er den Unsterblichen:

Vous qui semblez de façons et de gestes
Aux immortels, imitant les celestes.
(Sonnets Divers, Bd. V, S. 307.)

Als ihn der König im eigenen Hause besucht hat, da singt er ganz entzückt:

Je ne voirray fleur, ny herbe, ny rive,
En qui le nom de Charles je n' escrive,
Le tirant hors des tenebres confuses,
Qui des grands Roys esteignent la clarté,
Pour tesmoigner à la posterité
Qu'un si grand Prince a fait honneur aux.
Muses (V. 306).

Und der Dichter hat die feste Überzeugung, dass sein königlicher Freund dereinst noch Karl den Grossen um so viel übertreffen werde, als 9 grösser sei als 1. (!)

Auch Heinrich III. hat der Dichter in den Sonetten mit Lob überschüttet. (Sonett XIII bis XIX.) Er ist dem Dichter der »prince invincible« (S. 311); für ihn, der dereinst der Herr der Welt sein wird, sind Europa, Asien und Afrika zu klein. Der Himmel hat deshalb für ihn vor kurzem aus der Mitte des Meeres Amerika erstehen lassen. Wenn er aber dann ganz allein Herr der Welt sein wird, wird er den Tempel des Krieges schliessen. Jupiter und Heinrich III. werden sich in die Herrschaft des Universums teilen. (Sonett XV, Bd. V, S. 310 f.)

---

[1]) Blanchemain, »Vie de Ronsard« (Oeuvres complètes, Bd. VIII, S. 29).

In der ersten Ausgabe, die der Dichter von seinen Werken im Jahre 1560 gab, sind auch die »Poesmes« enthalten. Sie bringen wenig Neues über die politischen Ansichten des Dichters. Den Frieden feiert er mit allen Mitteln seiner Darstellungskunst. Der Friede habe die Welt geschaffen, indem er die Zwietracht aus dem Chaos vertrieb. Der Friede sei dann die Grundlage aller Kultur geworden, er habe die Menschen gebessert und milder gemacht. Deshalb sei es unnatürlich, den Frieden zu brechen (Exhortation pour la paix, VI, 209 ff.). Ein König müsse den Frieden halten. Gott wende seine Augen von dem König, dessen Hand das Schwert immer in armes Menschenblut tauche«. (La Paix, VI, 217.)

Ausführlichere Erörterungen über die Stellung des Königs, seine Erziehung, über die Zeitverhältnisse, Ansätze zu einer systematischen Entwicklung staatsrechtlicher Grundsätze finden wir in den Discours« (Bd. VII).

In der Institution pour l'adolescence du Roy Tres-Chrestien Charles IX de ce nom (zum 1. Mal gedruckt Paris 1564) giebt der Dichter seine Ansichten über die zweckmässigste und nutzbringendste Erziehung eines Königs. Zwei Hauptforderungen stellt er dabei auf:

1) Der König muss eine gründliche wissenschaftliche Bildung erhalten, in allen Wissenschaften und Künsten soll er unterrichtet sein: in der Mathematik, Geschichte, Rhetorik, Musik, sogar in der Physiognomik, damit er seine Unterthanen schon auf den ersten Blick erkenne und zu beurteilen im Stande sei.

Die ganze Forderung ist formuliert in dem Satz:

Un roy pour estre grand ne doit rien ignorer.

(Bd. VII, S. 34.)

2) Die Grundlage der königlichen Erziehung muss die Tugend sein. Das Gedicht beginnt mit den schönen Worten:

Sire, ce n'est pas tout que d'estre Roy de France,
Il faut que la vertu honore vostre enfance;
Car un roy sans vertu porte le sceptre en vain,
Et lui sert d'un fardeau qui luy charge la main.

An einzelnen Tugenden und Fähigkeiten soll nun der König besitzen.

a) Gottesfurcht.
b) Gehorsam gegen die Eltern.

c) Treue gegen das Gesetz und den Glauben der Vorfahren.

d) Die Fähigkeit wohl zu überlegen und zu prüfen; das bewahrt vor der Selbstüberschätzung, der Quelle des menschlichen Übels[1]) und lässt das Laster im Kleid der Tugend erkennen.

e) Selbsterkenntnis; denn,

»Celuy qui se cognoist est seul maitre de soy«.

(Bd. VII, S. 36.)

f) Menschenkenntnis. Das Volk soll der König selbst kennen lernen. Unglücklich sind die Könige, die »par les yeux d'autruy voyent l'estat du peuple« (ebd.).

g) Selbstbeherrschung.

h) Milde und Gnade den Unterthanen gegenüber. Nicht als Tyrann soll der König herrschen und seine Unterthanen bedrücken. Denn beide — König und Volk - sind aus demselben Stoff geschaffen und beide dem Geschick gegenüber gleich vergänglich. Der König möge sich immer erinnern, dass er Mensch ist. Dann kann das Volk seinen König ohne Furcht lieben, und durch diese Liebe wird der König sich besser schützen als durch seine Garden. (S. 37.)

i) Gerechtigkeit.

k) Unempfänglichkeit gegen Schmeichler.

l) Freigebigkeit:

Et pensez que le mot le plus pernicieux
C'est un Prince sordide et avaricieux.

(Bd. VII, S. 37.)

Nicht habsüchtig soll der König sein, sein Volk nicht unnötig mit Steuern und Abgaben bedrücken; denn er besitze genug, um zufrieden leben zu können.

m) Friedfertigkeit. Der König soll nicht ohne Grund einen Krieg beginnen.

n) Beschützung der Grossen gegen das Volk und des Volkes gegen die Grossen. (S. 37.)

o) Gute Führung des eigenen Haushalts. Wer dazu nicht fähig ist, kann auch einen Staat nicht führen.

---

[1])   Après il faut apprendre à bien imaginer:
Autrement la raison ne pourroit gouverner;
Car tout le mal qui vient à l'homme, prend naissance
Quand par sus la raison le cuider à puissance.

p) Selbstzucht und Selbstbestrafung. Wenn der König unrecht gethan, soll er sich selbst strafen; denn
nul n'a le pouvoir
De chastier les Rois qui font mal leur devoir.

q) Einfachheit in der Kleidung; denn
L'habillement des Rois est la seule vertu.

Zu alledem muss natürlich noch — so schliesst der Dichter — die Hilfe Gottes kommen:
Sans l'ayde de Dieu la force est inutile. (VII, 38.)

Wir haben uns nun zu einer Reihe von Discours zu wenden, die ausser der Wärme und Tiefe des patriotischen Gefühls durch die darin zum Ausdruck kommende Stellung den Hugenotten gegenüber charakteristisch sind. Wenn der Dichter an das Unglück seines Vaterlandes denkt, so bricht er immer in bittere Worte und Verwünschungen gegen die Protestanten aus. Seine Stellung zur Religion war ihm ja schon durch sein Verhältnis zum König vorgeschrieben, aber er hat auch aus eigener Überzeugung die sich erhebenden Protestanten bekämpft. Der strenge Calvinismus war einmal seiner ganzen poetischen Natur entgegengesetzt, und die glühende Liebe zu seinem schönen französischen Vaterland erfüllte ihn mit Hass gegen die das Land verwüstenden Anhänger Calvins.

In den »Discours des Misères de ce temps« (1563), der Königin-Mutter gewidmet, entwickelt er zunächst die allgemeine Signatur des Landes und die letzte Ursache des hereingebrochenen Elends.

Morte est l'authorité; chacun vit à sa guise« (S. 14): das ist das Leitmotiv des Gedichtes, und den tiefsten Grund dieses Zustandes sieht der Dichter in der »Opinion, peste du genre humain« (S. 13). Sie, d. h. die Ketzerei[1]), hat Jupiter mit der Dame Presomption« im Zorn gegen das Menschengeschlecht erzeugt. Sie ist in die Schule gegangen zu »Orgueil«, »Fantasie« und Jeunesse folle«. Cuider«[2]) war ihre Amme.

---

[1]) opinion: eigentlich Parteimeinung; dann: Partei, Partei der Ketzer. Mit opinioniste werden Sektierer des 15. Jahrhunderts bezeichnet, die den Papst nicht als Stellvertreter Christi anerkannten (s. Godefroy, S. 607 und Sachs-Villate unter »opinion«).

[2]) cuider = présomption (s. Godefroy, S. 396; de Sainte-Palaye, S. 424).

In der »Continuation du Discours des misères de ce temps« (VII, S. 17 ff.) spricht der Dichter mit tiefem Schmerz von dem traurigen Zustand seines Vaterlands, von der Selbstzerfleischung des Volkes, um sich dann mit bitterem Hohn gegen die neuen Tyrannen zu wenden, die Frankreich geplündert und verwüstet haben, aber ohne Züchtigung leben, denn sie berufen sich ja auf Gott als ihren Führer. »Wie weit seien doch die aufständischen Protestanten von dem Stifter der christlichen Religion, der doch ihr Vorbild sein sollte, entfernt, von ihm, der die Liebe gepredigt! Jungen Vipern, die bei der Geburt den Leib ihrer Mutter öffnen, glichen sie« (S. 21). Der Dichter ruft ihnen mit Flüchen zu:

. . Allez aux regions
Qui n'ont ouy parler de nos religions,
Au Perrou, Canada, Calicuth, Canibales;
La monstrez par effet vos vertus Calvinales.

(Bd. VII, S. 26.)

Und ebenso beredt kommt sein Hass gegen die Calvinisten zum Ausdruck in der Remonstrance au peuple de France (1564; VII, S. 54) und den Prognostiques sur les miseres de nos temps (VII, S. 82).

Wie sehr sich die Protestanten getroffen fühlten, beweisen die zahlreichen heftigen Entgegnungen von Fl. Chrestien, Grevin u. a., die sie besonders dem Discours sur les misères de ce temps entgegensetzten.

Die Mascarades und »Elegies« (Bd. IV) sind von wenig Interesse. Der Dichter ist hier der wahre »poète courtisan«. Die später so beliebt gewordenen Vergleiche des Königs (Karls IX.) mit der Sonne (IV, S. 148, 150 etc.), mit den Göttern (S. 146) sind die Themata. Ja in einem Punkte ist Karl IX. sogar noch grösser als die Sonne:

C'est que le Soleil mourra
Après quelque temps d'espace,
Et Charles au Ciel ira
Du Soleil prendre la place. (Bd. IV, S. 150.)

Aus den »Oeuvres inédites«, die Blanchemain im 8. Bande seiner Gesamtausgabe zusammengestellt hat, erwähnen wir nur die Ode an Karl IX., wo der Dichter eine überraschend kühne Sprache spricht, und wo auch Karl als der unentschlossene Fürst erscheint, wie ihn uns die Geschichte überliefert hat. Zu energischem, selbständigem Handeln wird der König gemahnt, um der schrecklichen Not des Landes abzuhelfen:

> Rompez votre sommeil,
> Quand l'affront est extresme;
> Et allez au conseil,
> Sans procureur, vous mème. (VIII, 107.)

Am 13. September 1572, zwanzig Tage nach der Bartholomäus-Nacht, erschienen die vier ersten Bücher der Franciade. Die Stimme der Zeitgenossen und die Litteraturgeschichte haben dieses Werk, auf das die Blicke aller Franzosen seit langem mit Spannung gerichtet waren, in ihm das langersehnte Nationalepos erhoffend, als misslungen bezeichnet. Für uns bleibt es aber immer ein Zeugnis tiefer patriotischer Gesinnung und der unerschütterlichen Überzeugung von der Hoheit des unumschränkten französischen Königtums. Dass überhaupt die Franzosen um die Mitte des 16. Jahrhunderts ein nationales Epos verlangten, das ist charakteristisch für die ganze Zeitstimmung und lehrt uns, wie sehr die Ideen von Vaterland und unumschränktem Königtum im Aufsteigen begriffen waren. An der Vollendung des Werkes hat den Dichter, wie er selbst sagt, der Tod Karls IX. verhindert (III, 252).

Im Bocage Royal, gewidmet Heinrich III., nimmt der Dichter einen letzten Aufschwung nach den trüben Stunden, in die ihn der Tod seines Herrn und der Misserfolg seiner Franciade versetzt. Kraftvolle Stellen, in denen die höchste Meinung von der Stellung des Königs zum Ausdruck kommt, mahnen uns an die besten Werke aus der Glanzzeit des Dichters. Nicht äusserlich wird die Hoheit des Königs gefasst; immer wird betont, dass der Fürst durch sein eignes Vorbild erziehend auf sein Volk einwirken soll, seinen Unterthanen gegenüber sei er mild und ohne Schroffheit, verzeihe ihnen gern, sich selbst aber niemals (III, 269):

> Mais porter en son ame une humble modestie,
> C'est à mon gré des rois la meilleure partie. (III, 270.)

Während Ronsard mit allen seinen Mitteln in den Dienst seiner Könige sich stellte und ihre absolute Herrschaft als eine göttliche und segensreiche Einrichtung pries, hatte die unumschränkte Monarchie nach dem Tode Heinrichs II. in der gesetzlichen Anerkennung der Protestanten (Edict vom Januar 1562) die mit ihrem Wesen so eng verbundene Einheit von Staat und Kirche durchbrechen lassen.

Dass in diesen Zeiten (13. Dezember 1560) nach einem halben Jahrhundert die Reichsstände wieder berufen wurden, ist von viel geringerer Bedeutung. Die Stände haben ja seit dieser Zeit dem Absolutismus niemals ernsthaften Widerstand entgegengesetzt; ihre Geschichte bis zu der denkwürdigen Versammlung von 1614 bietet ein ebenso klägliches wie komisches Bild[1]).

Viel gefährlicher waren die in der neuen Religion enthaltenen anti-absolutistischen Elemente. Calvin selbst hatte ja doch seinen Anhängern wenigstens in Sachen des Gewissens und Glaubens Ungehorsam gegen den Herrscher erlaubt, und wenn er auch meint, dass man an der einmal bestehenden Staatsform festhalten solle, so war doch sein Ideal des Staates derjenige, wo »plusieurs gouvernent, aidant les uns aux autres et s'avertissant de leur office.«

So sind denn auch aus den Reihen der Protestanten die 3 hauptsächlichsten gegen das absolute Königtum gerichteten Streitschriften des 16. Jahrhunderts hervorgegangen. Und zwar treten sie erst nach der Bluthochzeit im Jahre 1572 in Wirksamkeit. Mit diesem Ereignis tritt ja überhaupt das französische Königtum in eine neue, kritische Phase. Schriftsteller, vom Geiste der Alten erfüllt, verwerfen die alten Bande. Die Person des Königs selbst wird jetzt in die Discussion hineingezogen und angegriffen. Forschungen in der Geschichte des Landes, in der heiligen Schrift führen dazu, den Fürsten nur als den ersten Diener des Staates zu betrachten und das Prinzip der Volkssouveränität aufzustellen.

Es war natürlich, dass die Niedermetzelung der Protestanten, ein Akt willkürlicher Tyrannei, Lehren hervorrief, die in den strengsten Gegensatz auch zu der von Tyrannei sich fernhaltenden absoluten Herrschergewalt traten. Die *Franco-Gallia* des *Franz Hotmann*[2]) (lateinisch geschrieben 1573, ins Französische übersetzt 1574 von Simon Goulard) ist das bemerkenswerteste Buch dieser neuen Richtung, die die Ideen der Volkssouveränität dem absoluten Königtum gegenüberstellte.

---

[1]) Über die Rolle der Stände in der Geschichte des Absolutismus s. G. Hanotaux, »Histoire du Cardinal de Richelieu«, Paris 1893; Bd. I, S. 360 ff.

[2]) Hotmann war selbst mit Mühe dem Blutbad der Bartholomäus-Nacht entkommen und nach der Schweiz geflohen.

Doch vermögen wir uns nicht der bei Darmstetter und Hatzfeld (Le Seizième siècle en France, Paris 1893, S. 27) geäusserten Ansicht anzuschliessen, die es mit Rousseau's Contrat Social vergleicht und ihm für das 16. Jahrhundert eine ähnliche Wirkung zuschreibt, wie jenem Werke für das 18. Jahrhundert. Wir meinen vielmehr mit Ranke (Französische Geschichte, Bd. I, S. 380) — wie es ja auch in der Natur der Entstehung des Werkes liegt — dass ihm, wie den Lehren Hotmann's und seiner Genossen überhaupt, nur eine vorübergehende Bedeutung zukomme, dass es weniger »als ein Fortschritt der Ideen«, als vielmehr als »eine Aufwallung des Moments« zu betrachten sei. Die Franco-Gallia ist dem Pfalzgrafen Friedrich bei Rhein gewidmet, und gleich in der Praefatio finden wir den Ausgangspunkt der ganzen Erörterungen Hotmanns:

Quemadmodum autem corpora nostra externo aliquo ictu luxata sanari, nisi membris suum quibusque in locum et naturalem sedem restitutis, non possunt: ita Rempublicam nostram tum denique sanatum iri confidimus, cum in suum antiquum et tanquam naturalem statum divino aliquo beneficio restituetur[1]). Von den früheren Zuständen des Staates ist also nach Hotmann's Meinung auszugehen, wenn für das Vaterland Heil und Rettung erwartet werden soll.

Das eingehende Studium der französischen Geschichte lässt Hotmann in den 27 Kapiteln seines Werkes zu folgenden Resultaten kommen:

1) Die beste Regierungsform ist diejenige, die die 3 Formen des Staates: die Monarchie, die Aristokratie und die Demokratie vereinigt. Volk und König stehen ihrer Natur nach zu weit auseinander, deshalb bedarf es eines einigenden Bandes, das Hotmann in der Aristokratie sieht. (Cap. XII, S. 137 f.) Auf diese Weise entsteht aus den widerstrebenden Elementen ein einheitliches Staatsgebilde, wie ja auch in der Musik die Dissonanzen sich zur Harmonie auflösen. (ebd.)

Dieses aus Cicero (De republica) entnommene Staatsideal sieht Hotmann in der Staatsform des alten Gallien verwirklicht; denn

---

[1] Francisci Hotomanni »Franco-Gallia« Francofurti apud Georg Fickwirt 1665. Praefatio Bl. 7.

er sagt: quem ex tribus permixtis generibus temperatum, Majores nostri in Francogalliae regno constituendo tenuerunt. (ebd.)

2) An der Spitze dieses Staates steht der König. Aber Staat und König sind nicht dasselbe. Wenn der absolute Herrscher der Folgezeit von sich sagen durfte: L'Etat c'est moi, so ist hier ein ganzes Kapitel (19) der Erörterung über den Unterschied zwischen König und Staat gewidmet (De Summa inter Regem et regnum differentia).

3) Nicht der König hat die höchste Entscheidung, sie steht allein dem Volke zu. Denn das Volk ist frei. Auf die Freiheit deutet schon der Namen der alten Franken. Aus freiem Willen haben sie sich die Könige gewählt, sich selbst zum Schutz und zum Schutz der Freiheit, aber keine Tyrannen oder Peiniger (Cap. V, S. 56).

4) Das Volk giebt seinen Willen kund durch die öffentliche Volksversammlung. Bei ihren Entscheidungen lasse sie sich von jenem alten, goldenen Gesetz: »Salus populi suprema lex esto« leiten (S. 138). Auf die Entscheidungen der Volksversammlung bezieht sich nach Hotmann das »Quia tale est nostrum placitum«. Dieser Formel habe man jetzt, allerdings mehr aus bösem Willen als aus Unkenntnis, den Sinn gegeben: »Car tel est notre plaisir« (S. 184). Die Volksversammlung, d. h. die Versammlung der Stände entscheidet über Krieg und Frieden, über die Gesetze, die höchsten Ehren und Ämter, über das Erbgut, das den Söhnen des verstorbenen Königs zukommt, über die Mitgift der königlichen Töchter und, wenn es nötig ist, über die Entsetzung des Königs.

5) Der König ist absetzbar. Dass die Könige Frankreichs absetzbar waren und folglich auch noch sind, beweist Hotmann an verschiedenen Beispielen, u. a. auch an dem Geschick des Merovingers Childerich (S. 84).

Wenn die Könige etwas thun wollten, um ihren Nachkommen die Erbfolge zu sichern, so sei es Sitte gewesen, dass sie »ea spe . . . adducti summum in filiis bene honesteque instituendis studium collocarent« (S. 92). Dann nur hätten sie ein Vorrecht bei der Wahl in der öffentlichen Volksversammlung (praerogativum in comitiis).

Wenn so Hotmann das Recht der Volksversammlung, nach freier Entscheidung sich den neuen König zu wählen, als das erstrebenswerte Ideal aufstellt, so rechnet er doch genug mit den bestehenden Verhältnissen, um dem Salischen Gesetz das Zurechtbestehen zuzusprechen.

6) Das Salische Gesetz beziehe sich zwar eigentlich nur auf das Privatrecht, es habe aber auch bezüglich der Thronfolge durch jahrhundertelange Gewohnheit Gesetzeskraft erlangt. (S. 118.)

7) Der König hat kein Recht an die Staatsdomäne, nur an sein Erbgut. (S. 100.)

8) Die Nationalversammlung hat heute, so führt Hotmann in dem letzten Kapitel seines Werkes aus, leider dem Parlament von Paris Platz gemacht. Die Herrschaft der Juristen, das regnum rabularium hat begonnen.

Auch dieses Übel ist, wie so viele andere, aus Rom gekommen.

Wenn auch die Franco-Gallia bald wieder vor den Theorien, die zur Befestigung des Absolutismus aufgestellt wurden, zurücktreten musste, so hat sie doch in den Jahren ihres Erscheinens einen starken Einfluss auf die Zeitgenossen ausgeübt. Sie erschien ihnen bemerkenswert vor allem wegen der Betonung der Volkssouveränität und der Stellung, die ihr Verfasser gegenüber dem römischen Recht einnahm. Wie seine protestantischen Glaubensgenossen im Hass gegen Rom auf die Bibel als Quelle zurückgingen, so suchte Hotmann sein Ideal in den alten gallischen Zuständen und hielt alles, was an politischen Theorien und Einrichtungen von Italien kam, für verderblich.

Aus derselben Veranlassung und in demselben Geist wie die Franco-Gallia geschrieben, entstanden, wahrscheinlich zwischen den Jahren 1574 und 1576, die „Vindiciae contra tyrannos des angeblichen Stephanus Junius Brutus". Nachdem bis in die neuste Zeit Hubert Languet als der Verfasser dieser berühmten Schrift angesehen worden ist, hat Lossen sehr wahrscheinlich gemacht, dass nicht dieser, sondern Philipp du Plessis-Mornay das Werk verfasst hat.[1])

Zum ersten Mal gedruckt wurden die Vindiciae im Jahre 1579 mit einer Vorrede eines offenbar wieder erdichteten Cono Superantius Vasco. Sie ist datiert vom 1. Januar 1577 und, wie

---

[1]) Max Lossen in den Sitzungsberichten der philosophisch-philologischen und historischen Klasse der königlich bayerischen Akademie der Wissenschaften zu München. Jahrgang 1887. 1. Bd. S. 215 ff.

Lossen ebenfalls wahrscheinlich gemacht hat, von dem Herausgeber des Werkes Peter Loyseleur, Herrn von Villiers, verfasst. Dieser Vorrede folgt die Abhandlung, die in 4 Quaestiones zerlegt ist.

Durch Beantwortung dieser 4 Fragen wird die Machtsphäre des Fürsten gegenüber der des Volkes in folgender Weise festgesetzt [1]):

1) Sind die Unterthanen zum Gehorsam verpflichtet, wenn der Fürst Befehle giebt, die gegen das Gesetz Gottes verstossen? (Ausg. von 1660. S. 1 ff.)

Die Frage wird auf Grund der heiligen Schrift verneint, und die Verneinung aber auch allgemein staatsrechtlich begründet. Von Anfang an besteht ein Vertrag zwischen Gott einerseits und König und Volk andrerseits. König und Volk, beide haben versprochen, Gott treu zu bleiben. Das Volk ist an diesen Eid gebunden, auch wenn ihn der König vergisst.

Dass der König Gott unterthan ist, ergiebt sich daraus, dass Gott allein unabhängig ist; denn er hat die Welt aus nichts geschaffen. Der König ist nur der Vasall Gottes.

2) Soll man dem Fürsten Widerstand leisten, wenn er das Gesetz Gottes verletzt und die Kirche »verheert« (ecclesiam Dei vastanti)? (S. 43 ff.)

Wieder findet der Verfasser die Bejahung dieser Frage in der Bibel, aber auch diesmal fehlt nicht die juristische Begründung.

König und Volk haben Gott ihre Treue gemeinsam gelobt, sie sind also beide, eines für das andere, verbindlich als »correi promittendi«. Beide können sich daher auch gegenseitig verklagen [2]).

Wer soll nun Widerstand leisten? Nicht die gesamte Volksmenge, zahllos an Häuptern und schwerfällig, sondern die magistratus, d. h. die vom Volke oder auf andere Weise eingesetzten öffentlichen Beamten, und die comitia, d. h. die Ständeversammlungen, sind zum Widerstand berufen. (S. 63.) Wenn

---

[1]) Zur Verfügung stand uns nur die späte Ausgabe vom Jahre 1660 mit dem Titel: Vindiciae contra tyrannos, sive, de principis in populum populique in principem legitima potestate, Stephano Junio Bruto Celta, sive, ut putatur, Theodoro Beza, auctore. Amstelodami, 1660.

[2]) Treitschke, Hubert Languet's Vindiciae contra tyrannos. Leipzig 1846, S. 62.

dann diese Führer dem Volke das Zeichen zum Aufstand geben, müssen die einzelnen folgen. Ohne dieses Zeichen ist ihnen nur passiver Widerstand erlaubt.

3) Darf man und wie weit darf man dem Fürsten Widerstand leisten, wenn er den Staat bedrückt oder zu Grunde richtet? (S. 102 ff.) Die Erörterung dieser Frage bildet den umfangreichsten und bedeutendsten Teil des ganzen Werkes.

Am Schluss dieses dritten Abschnittes hat der Verfasser die Resultate seiner ganzen Betrachtung kurz zusammengefasst und ist zu folgendem Ergebnis gekommen:

In summa, ut hunc tandem tractatum concludamus, principes eliguntur a Deo, constituuntur a populo. Ut singuli principe inferiores sunt, ita universi, et qui universos repraesentant, regni officiarii, principe superiores sunt. In constituendo principe intervenit foedus inter ipsum et populum, tacitum, expressum, naturale, vel etiam civile, ut bene imperanti bene pareatur, ut reipublicae inservienti omnes inserviant, ut legibus obtemperanti omnes obsequantur: et caetera. Hujus vero foederis seu pacti, regni officiarii vindices et custodes sunt. Qui hoc pactum perfide et pervicaciter violat, is vere exercitio tyrannus est. Itaque regni officiarii ipsum et secundum leges judicare et renitentem vi coercere, si alias non possunt, ex officio tenentur. Hi duorum generum sunt. Qui regni universi tutelam susceperunt, quales Comes stabuli, Mareschali, Patricii, Palatini et caeteri, singuli per se, caeteris conniventibus aut colludentibus, tyrannum coercere debent: qui alicujus partis, regionisve, quales duces, marchiones, comites, consules, majores, tyrannidem, tyrannumque ab ea regione urbeve arcere jure suo possunt. Porro singuli sive privati adversus tyrannos exercitio, gladium non stringent; quia non a singulis, sed ab universis constituti sunt. At adversus eos qui absque titulo sese intrudunt, quia nulla pactio intercessit, promiscue admittuntur. Quo in genere censeri possunt ii, qui ignavia desidiave legitimi principis abutentes, tyrannidem in ipsius subditos exercent. (S. 293 ff.)

4) Das 4. Buch bejaht die Frage: Soll ein christlicher Fürst fremden christlichen Unterthanen in Sachen der Religion beistehen?

Denn haec Ecclesia ut unica est, ita etiam singulis Principibus Christianis in universum et in solidum commendata atque commissa est (S. 301).

Die »Vindiciae contra tyrannos« haben zwar eine geringere Wirkung geübt wie die »Franco-Gallia«, aber sie sind, wie diese, in der Geschichte der politischen Theorien des 16. Jahrhunderts, wichtig wegen ihrer ausgesprochen gegensätzlichen Stellung zur Doktrin Machiavelli's. In der Praefatio, wo die Anhänger Machiavelli's als »Tyrannorum mancipia« (III) bezeichnet werden, wird sie geradezu als Zweck des Buches bezeichnet.

Bemerkenswert ist auch hier wieder die Begründung des Königstums auf einen ursprünglichen Vertrag, der aus natürlichen Bedürfnissen des Volkes (Schutz nach aussen und Aufrechterhaltung der Ordnung nach innen) entsprungen ist, und zu dem das Volk selbst die Bedingungen diktiert hat, und die Konstatierung der Volkssouveränität, die zum Ausdruck kommt in der Überwachung der höchsten Gewalt durch die Vertreter des Volkes: den Adel, das Parlament und die Munizipalbeamten.

Étienne de la Boëtie (1530—1563) hat zwar seinen »Discours sur la servitude volontaire« oder »Contre-un« schon entweder 1546 oder 1548 (nach Montaigne's schwankenden und unzuverlässigen Angaben, 1548 nach dem Zeugnis des Historikers de Thou) verfasst; er ist aber erst wirksam geworden, als sich die Hugenotten seiner als einer willkommenen Waffe im Kampf gegen den absoluten Herrscher bemächtigten und ihn 1578 in einer Sammlung von Pamphleten (Mémoires de l'Estat de France sous Charles IX.) veröffentlichten.

De la Boëtie hat in seiner Jugend die Alten studiert, einzelne Werke des Aristoteles, Xenophon und Plutarch übersetzt, sich mit der italienischen Litteratur bekannt gemacht und in den republikanischen Verfassungen der italienischen Städte (besonders Venedigs) sein politisches Ideal gesehen. Aus diesen Eindrücken und Überzeugungen heraus hat er mit grossem Aufwand von Rhetorik sein Jugendwerk geschrieben.

Er führt darin aus, dass alle Menschen gleich seien, und dass deshalb keiner des anderen Herr sein dürfe:

»Certes, s'il y a rien de clair et d'apparent dans la nature, et en quoy il ne soit pas permis de faire l'aveugle, c'est cela, que Nature, le ministre de Dieu et gouvernante des hommes, nous a tous faicts de mesme forme comme il me semble, à mesme moule afin de nous entrecognoistre tous pour compaignons ou plus tost freres [1]).

Die Freiheit sei darum das höchste Gut, und ihr Verlust ziehe alle Übel nach sich:

. . la liberté, qui est toutes fois un bien si grand et plaisant, que, elle perdue, touts les maulx viennent à la file [2]).

Warum haben sich nun die Menschen zu Gunsten des Einen in freiwillige Knechtschaft begeben? Das geschah einerseits aus Gewohnheit, andererseits aus Feigheit. Die Menschheit ist ganz allein selbst schuld an der zu erduldenden Tyrannei, bei der sie zum Verräter an sich selbst wird:

Que vous pourroit il (der Tyrann) faire, si vous n'estiez receleurs du larron qui vous pille, complices du meurtrier qui vous tue, et traistres de vous mesmes? [2])

Das Wesen des Tyrannen besteht darin, dass er seinen Willen an die Stelle der Vernunft setzt: faisant son estat de compter sa volonté pour raison« [3]).

Wenn die Menschen sich nur entschliessen wollten, diesem Tyrannen nicht mehr zu dienen, so sei alle seine Macht dahin. Dazu fordert der Verfasser seine Landsleute mit beredten Worten auf:

Soyez resolus de ne servir plus; et vous voyla libres. Je ne veulx pas que vous le poulsiez, ny le bransliez; mais seulement ne le soubstenez plus: et vous le verrez, comme un grand colosse à qui on a derobbé la base, de son poids mesme fondre en bas et se rompre [4]).

De la Boëtie scheint später nach den Zeugnissen der Zeitgenossen, und wie man aus einer Stelle der Servitude volontaire schliesst, Anhänger der durch die Gesetze gemässigten Monarchie gewesen zu sein. Er hat sein Werk sicher nicht in dem Sinn geschrieben, in dem es später von den Hugenotten aufgefasst wurde. Montaigne, sein treuer Freund, hat bedauert, es veröffent-

[1]) in den bei Godefroy abgedruckten Fragmenten. (Hist. de la litt. franc. S. 26.)
[2]) bei Darmstetter und Hatzfeld »Morceaux choisis«. S. 36.
[3] ebenda S. 38. Anm. Wohl in Erinnerung an Juvenal's: Hoc volo, sic jubeo: sit pro ratione voluntas. (Satire 6, 223.)
[4]) ebenda S. 37.

licht zu haben und es nicht in seine Essais aufgenommen, als er sah, wie es verwertet wurde (Essais I. 27).
Wie das Werk von den Hugenotten des 16. Jahrhunderts tendenziös ausgebeutet wurde, so berufen sich heute noch die radikalen Parteien in Frankreich auf de la Boëtie als eine ihrer Autoritäten [1]).

Mit der Regierung Heinrich's III. hatte die Zeit allgemeiner Auflösung begonnen. Die radikalen Theorien setzten sich in Wirklichkeit um. Wie sehr das Ansehen des Königs gesunken war, beweist der Umstand, dass Heinrich III. bei seiner Reise durch das Land von den Bewohnern einer kleinen Stadt im Süden insultiert wurde. Überall erwachte der separatistische Geist; es bildeten sich freie Städte, im Süden bildete sich ein neuer Staat im Staat. Die Unzufriedenheit wuchs bei Protestanten und Katholiken, die Partei der »Politiker« (Katholiken, die Freiheit für den protestantischen Kultus forderten) kämpfte gegen den König im Interesse des »allgemeinen Wohls«. Die extremen Katholiken waren mit den Friedensbeschlüssen des fünften Bürgerkriegs unzufrieden, sie bildeten die Ligue zur Vernichtung der reformierten Partei und zur Erhebung der Guisen auf den Thron.

Es ist eine merkwürdige Erscheinung, dass in diesen Zeiten der Verwirrung ein Buch an die Öffentlichkeit kam, das gerade die absolute Monarchie verteidigte: *Bodin's Buch vom Staat* (1578 erschienen, ins lateinische übersetzt 1586). [2]) Es ist das einzige staatsrechtliche Werk des 16. Jahrhunderts, das über den Parteien steht und eben darum dasjenige, das den dauerndsten Ruhm erhalten hat.

Bodin beginnt sein Werk mit einer Definition des Staates im allgemeinen: Respublica est familiarum rerumque inter ipsas communium summa potestate ac ratione moderata multitudo (I, 1. S. 1). In der Familie sieht Bodin also die Elemente des Staates, die Familie ist ihm »seminarium ac veluti rudimentum rerum omnium

---

[1]) Godefroy, a. a. O. S. 27.
[2]) Wir citieren nach der lateinischen Neubearbeitung, die Bodin selbst von seinem Werke gemacht hat. (Auflage vom Jahr 1591 mit dem Titel: Joan. Bodini Andegavensis de Republica libri sex; latine ab auctore redditi, multo quam ante locupletiores. Francofurti.)

publicarum«. (I, 2, S. 12). Entsprechend der Bedeutung, die der Verfasser der Familie für die Entwickelung des Staates beimisst, hat er ihr in seinen Erörterungen mehrere umfangreiche Kapitel des I. Buches gewidmet. Nachdem er die Familie als »plurium, sub unius ac eiusdem patris familias imperio, subditorum, earumque rerum quae ipsius propriae sunt, recta moderatio« (I, 2. S. 12) definiert hat, handelt er ausführlich vom »ius familiare«, vom Verhältnis der Familie zum Staat, vom Recht des Mannes gegenüber der Frau, von den Pflichten beider, von der väterlichen Gewalt, von der Frage, ob der Vater über Leben und Tod der Kinder Macht habe.

Die alten Gesetzgeber und Rechtsgelehrten haben nun für den Staat dieselben Gesetze und Vorschriften aufgestellt, wie für die Familie. »Ihnen müssen wir folgen« sagt Bodin, und so ist ihm auch die Familie das Vorbild der höheren Staatsgemeinschaft:

ita quoque familiae regendae ratio singularis quaedam est Reipublicae instituendae ac moderandae disciplina (I, 2. S. 13).

Der oberste in der Familie ist der Hausvater. Um seine Machtbefugnis zu bestimmen, wendet Bodin seine Blicke dorthin, wo er zumeist Beispiele für seine Behauptungen findet: zur Bibel und zur Geschichte Roms. Unumschränkt sieht er in beiden die väterliche Gewalt über die Frau und die Kinder und so muss auch die Gewalt im Staate, die der des »pater familias« entspricht, absolut sein.

Vor allem wird daher bei Bodin die Souveränität betont. Er war in der That »der erste, welcher die Idee der Souveränität zu definieren suchte und einer einlässlichen Untersuchung unterwarf« [1]).

Welche sind nun die charakteristischen Eigenschaften der Souveränität?

Die Souveränität ist die höchste Gewalt im Staate und als solche vom Gesetz unabhängig:

Majestas est summa in cives ac subditos legibusque soluta potestas (I, 8. S. 123).

Die Souveränität ist aber nicht nur vom Gesetz unabhängig, sie erfährt auch keine zeitliche Beschränkung:

---

[1]) Bluntschli, »Geschichte der Neueren Staatswissenschaft«. 1881, S. 32.

Majestas vero nec majore potestate nec legibus ullis, nec tempore definitur (I, 8. S. 125).

Da die souveräne Macht die höchste im Staat ist, so kann sie nur in der Hand Eines ruhen, der keine höhere irdische Gewalt über sich erkennt und auch neben sich keinen Mitregenten duldet. So wird Bodin zur Herrschaft des Einen, zur Monarchie geführt (Lib. II. Kap. 2).

Bodin unterscheidet nun 3 Arten der Monarchie: Die königliche oder legitime Monarchie, die feudale Monarchie (dominatus) und die Tyrannenherrschaft (II, 2. S. 305).

Die älteste Art der Monarchie ist die feudale; sie ist zugleich die älteste Staatsform, denn am Anfang aller Dinge, als zuerst die Gesellschaft der Menschen sich zusammenschloss (coalescere coepit), war alle Herrschaft in der Hand eines einzigen. Es irrt Aristoteles, so sagt Bodin, wenn er sagt, dass die Könige ursprünglich durch eine freie Wahl des Volkes eingesetzt worden seien (II, 2. S. 306). Die meisten Herrscher jener Zeit verdanken ihre Herrschaft dem Krieg.

Bei Bodin findet sich nichts von jenem Staatsvertrag, der bei den hugenottischen Politikern die Grundlage der Beweisführung von der Souveränität des Volkes war. Wenn einmal von ihm gesprochen wird, so geschieht es in einem ganz anderen Sinne: das Volk hat dann durch die Übertragung aller Gewalt auf Einen für immer auf die Mitwirkung an der Lenkung des Staates verzichtet.

Es kann nicht zweifelhaft sein, dass Bodin sich nicht für diese ursprüngliche Art der Monarchie entscheidet; er sieht sein Ideal in der Monarchia regalis, der Monarchie, an deren Spitze ein unumschränkter König steht.

Wie versteht er nun diese Unumschränktheit? Sicherlich nicht im Sinn der Tyrannis. Der König steht zwar über dem sogenannten positiven Gesetz, nicht aber über den göttlichen und natürlichen Gesetzen. Das hat er schon in der Definition der »legitimen« Monarchie ausgesprochen (II, 2. S. 305), und er wiederholt es im 2. Cap. des III. B., wo er im besonderen von dieser Art der Monarchie spricht:

Rex est qui in summa potestate constitutus, naturae legibus non minus obsequentem se praebet, quam sibi subditos quorum libertatem ac rerum dominia aeque ac sua tuetur, fore confidit (II, 3. S. 312).

Wenn der König zum Beispiel, wie Pharao, befehlen würde, die Kinder zu töten, so hätte jeder die Pflicht, ungehorsam zu sein. Zu diesen Beschränkungen durch die göttlichen und natürlichen Gesetze kommen noch einige andere durch die Grundgesetze des Königreichs, wie z. B. das Salische Gesetz (I, 8, S. 139). Unverletzlich dem Könige gegenüber sind auch die Staatsverträge, die er mit anderen Souveränen und mit seinem Volke abschliesst. (I, 8, S. 135 f.) Das Wort des Fürsten muss überhaupt wie ein Orakel sein: Vox Principis instar oraculi esse debet (I, 8, S. 136). An die Verträge, die die Vorgänger geschlossen, ist der König nur dann gebunden, wenn es mit Ratifikation der Stände geschehen war. Auch über das Eigentum der Einzelnen hat der König der »legitimen« Monarchie keine Gewalt. (I, 8, S. 163). Der König ist also auch nicht berechtigt, ohne Einwilligung der Unterthanen das Eigentum zu besteuern.

In diesen letzten Erörterungen liegen aber so starke Widersprüche zu dem, was vorher von den Befugnissen der Stände gesagt ist, dass Bodin's ganzes System der Einheitlichkeit entbehrt. Nachdem den Ständen jede Macht (z. B. I, 8, S. 140)[1]) abgesprochen worden ist, wird ihnen wenige Seiten darauf das Recht der Steuerbewilligung zugesprochen. Dieser und andere Widersprüche[2]) erklären sich aus dem früheren politischen Leben Bodin's und den Zeitverhältnissen. Liberal in seinen politischen Anschauungen — hat er doch noch auf der Ständeversammlung zu Blois (1576) die Rechte des 3. Standes verteidigt — wurde er Verteidiger der absoluten Gewalt im Tumult des Bürgerkriegs und schrieb sein Werk im direkten Gegensatz zu den Publizisten, die die Volkserhebung zu rechtfertigen suchten.

Trotz mannigfacher Inkonsequenzen erscheint Bodin's Buch als das hervorragendste staatsrechtliche Werk des 16. Jahrhunderts. Ranke nennt es (Französische Geschichte Bd. I, 380) das »fleissigste, durchdachteste und am meisten anerkannte Werk, welches das Jahrhundert über diesen Gegenstand überhaupt hervorgebracht hat.«

Wir sahen, dass Bodin's Buch vom Staate in einer Zeit grösster Verwirrung erschienen war. Schon seit Franz II. ging es rasch bergab mit dem französischen Königtum. Jetzt erstand ihm in

---

[1]) Neque enim ulla ratio probabilis adduci potest, cur subditi principibus imperent, aut popularibus comitiis ulla potestas tribui debeat.
[2]) s. Weill, a. a. O. S. 168 ff.

der katholischen Ligue sein allergefährlichster Feind. Was die protestantischen Publicisten nicht gewagt hatten, davor schreckten die bisherigen Verteidiger des Königtums, als ihnen der Wille nicht gethan wurde, nicht zurück. Den stärksten Ausdruck findet die ganze Richtung in dem Werke J. Boucher's »De justa abdicatione Henrici III.«, und die fanatische Doktrin findet ihren Fanatiker der That in dem Mörder Heinrich's III.

Die allgemeine Anarchie, die folgt, führt natürlich zu einer absolutistischen Reaktion. Sie verkörpert sich in der glänzenden Gestalt Heinrich's IV.

Und mit ihm zugleich erscheint auch das Werk, das, der Ligue den Todesstoss versetzend, würdig die politische Litteratur des 16. Jahrhunderts abschliesst: Die Satire Ménippée. Von treuen Katholiken verfasst und unmittelbar nach dem Einzug Heinrich's IV. erschienen (1594)[1]), hat sie mehr als das Schwert dem hugenottischen König den Weg geebnet. Der zeitgenössische d'Aubigné hat uns von ihrer Wirkung unterrichtet: »La plus grande plaie qu' ayent reçeu les Ligues par les escrits des hommes doctes a esté par le catholicon d' Espagne« (Hist. univ. III, 3, 21).

Die Satire hat zum Gegenstand die Tagung der Generalstände vom Jahre 1593, und es ist besonders die Rede des Vertreters des 3. Standes, die uns klar und deutlich die politischen Ansichten des Verfassers erkennen lässt. Hier quellen die Empfindungen so stark aus der Seele des Verfassers (wahrscheinlich Pithou's), dass sie die Form der Satire sprengen und uns die aufrichtigen, schmerz- und zornerfüllten Worte des Herzens vernehmen lassen.

Der Vertreter des dritten Standes, der M. d'Aubray, der als das Haupt der »Politiques« galt, beginnt seine Rede, indem er konstatiert, dass mit dem spanischen Universalmittel die Franzosen betrogen worden seien. Jetzt, in einem Zustand, wo man nicht mehr sagen könne: »Das ist mein, das ist dein«, müssten jedem die Augen aufgehen. »Nos privileges et franchises anciennes,« fährt d'Aubray fort, »sont à vau-l'eau : nostre hostel de ville que j'ay veu estre l'asseuré refuge du secours des roys en leurs urgentes affaires, est à la boucherie; nostre cour de parlement est

---

[1]) Einige Ausgaben tragen das falsche Datum 1593. s. die Ausgabe von Labitte Avertissement, S. 5.

nulle: nostre Sorbonne est au Bourdel et l'université devenue sauvage.« (Ausgabe von Ch. Labitte, Paris, 1874, S. 126.) Man kann kaum etwas Packenderes lesen, als die Worte, die er darauf an Paris, »das nicht mehr Paris, sondern eine Höhle wilder Tiere ist«, richtet, wie er die Stadt an ihren alten Glanz erinnert und sie anfleht: ne veux tu jamais te guarir de ceste frenesie, qui pour un legitime et gratieux roy, t'a engendré cinquante roytelets, et cinquante tyrans?« (S. 126.)

Und nun hält er Abrechnung mit allen denen, die nach seiner Meinung diesen schrecklichen Zustand hervorgerufen haben. Zuerst kommt der König von Spanien an die Reihe, der versucht hat, »de semer la division et la discorde parmi nous mesmes« (S. 132). Der Endzweck seines ganzen Handelns sei, ganz Frankreich zu vernichten[1]). Später spricht er noch einmal von ihm und nennt ihn einen alten Fuchs«, der wohl wisse, dass er Frankreich Unrecht thue[2]). Catharina von Medici kommt nicht besser weg: j'ai grand peur qu'elle a esté cause de beaucoup de maux que nous avons veuz de son temps (S. 141; s. auch S. 151). Dann wendet er sich zu den Guisen, die nach der Meinung aller die Quelle alles Übels seien[3]). All' ihren Fleiss hätten sie aufgewandt, um den ›armen Fürsten‹ seinem Volk verhasst zu machen[4]). Die ganze Interessenpolitik der Guisen, die aber immer Worte vom »öffentlichen Wohl«, vom ›Heil des Vaterlands‹ im Munde führten, wird aufgedeckt und besonders Mayenne, der die Versammlung einberufen, angegriffen. (S. 149, 152 ff.) Wenn der Verfasser von sich spricht, so betont er, dass er als guter Bürger seines Landes und von Paris ein Freund seines Vaterlandes sei und eifrig über die Erhaltung seiner Religion wache, aber er und

---

[1] . . et consommer toute la France, qui est le but final de ses pretentions S. 139.

[2] . car le roy d'Espagne qui est un vieil renard, sçait bien le tort qu'il nous tient, usurpant contre toute justice les royaumes de Naples, et Navarre, et la duché de Milan, et la comté de Roussillon, qui nous appartiennent. S. 206.

[3] . vous commençastes, monsieur vostre frere et vous, à faire des desseins et projets, que beaucoup de gens disent estre cause de tous nos mal-heurs. S. 143.

[4] . . vous employastes toute vostre industrie à rendre le pauvre prince odieux à son peuple. S. 147.

alle anderen seien müde des Krieges, in dem viel weniger von ihrer Religion als von ihrer Knechtschaft die Rede sei[1]). Sie brauchten den Mann nicht erst zu suchen, der die Ordnung und Ruhe wiederherstellen könne[2]), es sei ihr legitimer König: Heinrich von Navarra[3]). Man könne wohl Scepter und Kronen machen, aber keine Könige[4]). Der König sei immer schon da; denn das älteste und erste Naturgesetz, das Frankreich schon seit undenklichen Zeiten besitze, das sei das Gesetz der Erbfolge, das jetzt die Bourbonen auf den Thron berufe[5]). Heinrich werde wie ein Herkules die Ungeheuer niederwerfen, die jetzt ganz Frankreich seinen eigenen Kindern schrecklich und entsetzlich machten[6]). Die Verschiedenheit der Religion mache Heinrich durchaus nicht zur Thronfolge unfähig. Die Excommunikation, so wird etwas sophistisch ausgeführt, beziehe sich nur auf die Seelen, nicht auf die Körper und das Eigentum. Deshalb könne sie auch dieses letztere (also in unserem Falle Frankreich) nicht wegnehmen (S. 219). Seit langem stehe auch der Satz fest, dass die Päpste keine Macht hätten, über weltliche Königreiche abzuurteilen[7]). Die höchste Gewalt (puissance souveraine, S. 221) stamme von Gott und stelle das Bild Gottes dar[8]). Deshalb müsse man dem höchsten Herrscher

---

[1]) je suis amy de ma patrie, comme bon bourgois et citoyen de Paris: je suis jaloux de la conservation de ma religion . . . Enfin chascun est las de la guerre, en laquelle nous voyons bien qu'il n'est plus question de nostre religion, mais de notre servitude. S. 204.

[2]) Nous aurons un roy qui donnera ordre à tout . . . et conserver tout le monde en repos et tranquillité. S. 213.

[3]) En un mot, nous voulons que monsieur le lieutenant sçache que nous recognoissons pour nostre vray roy legitime, naturel, et souverain seigneur, Henry de Bourbon, cy-devant roy de Navarre. S. 217.

[4]) . . . on peut faire des sceptres et des couronnes, mais non pas des roys pour les porter. S. 214.

[5]) . . mais ayants de temps immemorial ceste louable loy, qui est la premiere et la plus ancienne loy de nature, que le fils succede au pere, et les plus proches parents en degré de consanguinité à leurs plus proches de la mesme ligne et famille. S. 221.

[6]) . . qui peut, comme un Hercules naturel, né au Gaule, deffaire ces monstres hideux qui rendent toute la France horrible et espouvantable à ses propres enfants . . S. 217.

[7]) Il y a long-temps que l'axiome est arresté que les papes n'ont aucun pouvoir de juger des royaumes temporels. S. 220.

[8]) parceque toute puissance souveraine est de Dieu et represente l'image de Dieu. S. 221.

gehorchen, welcher Religion er auch immer angehöre, wie es
dereinst die ersten Christen gethan. Trotzdem aber hörten die
Könige nicht auf, Menschen und denselben Leidenschaften unterworfen zu sein, wie ihre Unterthanen[1]).
Eines nur, so führt d'Aubray gegen Ende seiner Rede aus,
könne man Heinrich vorwerfen, das sei seine allzugrosse Gnade.
Sie komme nur dem Siegreichen, der Heinrich noch nicht sei, zu;
sie sei eigentlich nur beim absoluten Herrscher[2]); denn sonst sehe
sie aus wie Schmeichelei. Zum Schluss vernehmen wir Worte
eines tiefen Nationalgefühls, das wir mit solcher Energie vorgetragen nur selten in der Litteratur einer Zeit finden, der der
Begriff der Nationalität noch nicht allzu lange aufgegangen war.
D'Aubray ruft Mayenne und den Guisen (Lothringern) zu: nous
luy disons haut et clair, et à vous tous, messieurs ses cousins et
alliez, que nous sommes François, et allons avec les François
exposer nostre vie et ce qui nous reste de bien pour assiste
nostre roy, nostre bon roy, nostre vray roy. (S. 228.)
Der Rede folgt ein poetischer Epilog, der die Hauptsätze, die
vorgetragen, noch einmal epigrammatisch zusammenfasst. (S. 229).

Am Anfang der glänzenden Regierung Heinrich's IV. steht,
ihm den Weg bereitend, die Satire Ménippée. Im weiteren Verlauf tritt diesem König, der den Absolutismus vor Richelieu und
Ludwig XIV. auf die höchste Höhe geführt hat, ein Dichter zur
Seite, der in seiner poetischen Verherrlichung ein gut Teil seiner
allerdings nicht sehr grossen dichterischen Kraft erschöpft hat.
Es ist François de Malherbe. Wie Ronsard die Jugend, so
brachte der aus einer alten normannischen Beamtenfamilie
stammende Malherbe die späteren Jahre seines Lebens an Fürsten-
höfen zu. Aber schon 1576 war er Heinrich von Angoulême,
einem natürlichen Sohn Heinrich's II., als Sekretär in die Provence
gefolgt. Als dieser 1586 gestorben war, widmete Malherbe, um
sich einen neuen Protektor zu verschaffen, seine ›Larmes de saint
Pierre‹ im folgenden Jahre dem König Heinrich III., was ihm
500 Thaler einbrachte. Sonst sind aber die folgenden Jahre wenig
erfreulich für ihn gewesen. Ausser dem Tode zweier Kinder ist

---

[1] Le roys pour estre roys ne laissent pas d'estre hommes, sujets aux
mesmes passions que leurs subjects. S. 223.
[2] mais la clemence n'est qu'en celuy qui est maistre absolu. S. 220.

uns aus dem Leben Malherbe's in den Jahren 1586–1599 so gut wie nichts bekannt. Im November 1600 begrüsst er Maria von Medici in Aix mit einer Ode »Sur la bienvenue en France«, aber erst 1605 kam er, nachdem ihn du Perron vorher rühmend empfohlen, an den Hof Heinrich's IV. Wenn Malherbe, mit dem Elternhaus zerfallen, in der eigenen Familie bis ins späte Alter schwere Verluste beklagend, im Privatleben wenig Glück hatte, so war ihm die Gunst der Fürsten und Grossen um so treuer. Unter Heinrich IV. wurde er Stallmeister und Kammerherr; die weniger sparsame Regentin verbesserte seine finanzielle Lage, und Richelieu machte ihn 1626 zum Trésorier de France. Malherbe, der in früheren Jahren mit Not und Entbehrung hatte kämpfen müssen, starb als wohlhabender Mann.

Es braucht uns nicht zu wundern, dass er, der ja bekanntlich den Beruf des Dichters so gering schätzte, sein Talent ganz in den Dienst des Hofes stellte. Was ihn dazu veranlasste, war vielmehr die Hoffnung auf Gewinn als etwa Anerkennung oder Begeisterung für die segensreiche Politik eines Heinrich IV. Mit Recht hat ihm sein Landsmann des Ivetaux vorgeworfen, dass er immer um ein Almosen mit einem Sonett in der Hand bitte [1]). Er bequemt sich immer den bestehenden Verhältnissen an, mit derselben Wärme wie Heinrich IV. besingt er auch die Regentin; beide erscheinen ihm gleich bedeutend: nous avons eu un grand roi, nous avons une grande reine (Brief vom Juni 1610 an Peiresc). Es kümmert ihn nicht, wenn er bei diesem Verfahren direkt undankbar wird, wie gegen Heinrich II. (Bd. I. No. XVIII. S. 73), gegen Sully (Bd. I. No. LXXXIV. S. 250).

Wenn man so bedenkt, dass den Hauptinhalt seiner Werke vers de commande ou »de nécessité« bilden, so scheint Ranke ihm etwas zu viel Ehre anzuthun, wenn er von ihm sagt: »Den eigentümlichen Inhalt seiner Gedichte aber schöpft er aus der Weltstellung der emporkommenden Monarchie und den Handlungen Heinrich's IV.« [2]).

Wenn wir ihm aber eine so hohe, ihm selbst bewusste Auffassung seiner dichterischen Produktion nicht zuschreiben, so ist es doch wichtig, dass ein Mann von seinem Einfluss sich so rück-

---

[1]) Lalanne, Notice biographique, Bd. I, S. XXIX.
[2]) **Ranke**, a. a. O. Bd. III, S. 394.

haltslos zu den Grundsätzen der absoluten Monarchie bekennt und, was ihm niemals abzusprechen ist, von tiefstem patriotischen Gefühl beseelt ist. Charakteristisch für Malherbe's »höfische Dichtung« ist sein wunderbares Geschick in der wirkungsvollen Verwendung und Variation von schmückenden Beiwörtern und Vergleichen. Heinrich IV., den er besonders reich damit bedenkt, ist »notre grand Alcide« (Bd. I, No. XII, v. 121), das Muster der tapfersten und besten Monarchen, voll von Verdiensten und Eigenschaften, die niemals irgendwo anders sich fanden (Bd. I, No. XVI, v. 31 ff.), das »ewige Muster« der guten Könige (Bd. I, No. XVIII, v. 97) oder »l'exemple des rois, Dont la grandeur nonpareille Fait qu'on adore ses lois (Bd. I, Nr. XXI, v. 32 ff.). Er ist tapfer und weise (Bd. I, No. XVIII, v. 7), er ist furchtbarer als ein reissender Strom, wenn er als Eroberer in seiner unbezwinglichen Macht dahinschreitet; wie von der Stirne des Mars leuchtet von der seinen die Kühnheit, die Blitze seiner Augen sind wie die, die den gegen die Erde grollenden Donner des Himmels begleiten (Bd. I, No. XXI, v. 51 ff.). Herkules selbst ist weniger Herkules als er (Bd. I, No. XXI, v. 99). Durch seine Güte erhebt er sich über die gewöhnlichen Sterblichen (ebd. v. 91), er ist der Grösste der Sterblichen (Bd. I, No. XXVII, v. 202), »das Wunder der Könige« (Bd. I, No. XL, v. 9 und XLI, v. 2), ein Wunder in den Augen der Welt (Bd. I, No. LII, v. 6 und LIII, v. 12), der würdigste König des Universums (Bd. I, No. XXXIV, v. 3). Wer möchte leugnen, dass der Ruhm des »seltensten Monarchen« (Bd. I, No. XVIII, v. 113) nicht in unseren Tempeln die zweite Stelle nach Gott verdient hätte? (Bd. I, No. XIX, v. 29).

Beliebt ist auch der Vergleich mit den Himmelskörpern. Heinrich IV. ist »der Stern der Könige« (XLII. v. 10); Anna von Österreich, die aus Spanien kommt, ist eine Sonne, die entgegen den Gesetzen der Natur im Westen aufgeht (LVIII, v. 31), auch die Regentin wird mit der Sonne verglichen (LVII, v. 33), zur Abwechslung auch mit dem Mond (LXIV, v. 45).

Der göttliche Ursprung und Charakter der Fürsten wird immer wieder zum Ausdruck gebracht. Die gnädige Güte Gottes hat Heinrich IV. gekrönt (Bd. I, XVIII, v. 114), ihm verdanken die Franzosen den Göttern (Bd. I, XL, v. 9), er ist von der Erde gegangen, um mit den Göttern Nektar zu trinken (LIII, v. 13 f.).

Die Regentin heisst »le chef-d'oeuvre des cieux« (LVII, v. 2. und CIX, v. 28), ebenso Ludwig XIII. (LXXXVI, v. 1) und Richelieu (XCIX, v. 2).

Wie Corneille Ludwig XIV. im Frieden mit einem schlafenden Löwen vergleicht, so finden wir auch bei Malherbe öfters das Bild des Löwen. »Ce jeune lion«, sagt er von Ludwig XIII. in der »Consolation à Monsieur le Premier Président etc.« (Bd. I, No. XCVIII, v. 79), und das Bild des Löwen braucht er in einer seiner kraftvollsten Apostrophen an den jungen König (Bd. I, CIII, v. 2). Durch diese höfisch-schmeichelnde Einkleidung scheint die Auffassung vom Königtum als einer hohen, göttlichen Einrichtung deutlich hindurch. Und ferner: mag das Lob, das Malherbe den Herrschern seines Landes spendet, auch nicht immer in der Geschichte Bestätigung finden, mag er auch selbst mit Bewusstsein übertreiben, jene Lobeshymnen zeigen uns doch die Eigenschaften, die der Dichter in seinem Fürstenideal verwirklicht sehen möchte. Schon eine Betrachtung jener schmückenden Beiwörter und Vergleiche lehrt uns, dass Malherbe als besondere Eigenschaft der Herrscher die Fähigkeit glänzenden, hoheit- und machtvollen Auftretens begreift. Von unbezwinglicher Macht und Tapferkeit, an Verdienst allen anderen voranleuchtend, sind seine Könige. Ihre Grösse bedingt zugleich, dass man ihre Gesetze verehrt (s. o.).

Die Güte erhebt den Fürsten über die Sterblichen. Die Tugend steht mit seinem Thun in unauflöslicher Verbindung. Wie weit Malherbe's Verherrlichung Heinrich's geht, wie sie geradezu zu einer Umkehrung des natürlichen Verhältnisses zu seinen Gunsten führt, erhellt recht deutlich aus jenem Gedicht auf den glücklichen Erfolg der Reise des Königs nach Sedan (Bd. I, Nr. XXI). Anstatt zu sagen, dass der König bestrebt ist, auf dem Pfad der Tugend zu wandeln, wird die »vertu généreuse« personifiziert und findet nun ihren süssesten Reiz darin, dem König zu dienen und zu gefallen (v. 114 ff.).

In einem Gedicht, zu dem ihn das Attentat vom 19. Dezember 1605 veranlasste, rühmt er seine Tugend, die — so sagt er ähnlich wie Ronsard von Karl IX.[1] — so gross ist, dass, käme ihm die

---

[1] Et quand il ne seroit héritier de l'Empire
Sur les rares vertus on le devroit élivre.   Lalanne, Bd. I, S. 77.

Krone nicht gesetzmässig zu, er sie in einer Wahl vom Volke erhalten müsste (Bd. I, No. XIX, v. 31 ff.).

In demselben Gedicht finden wir wie später bei Corneille die charakteristische Identifizierung von Monarch und Staat (v. 57). Dass es eine Reihe von Herrschertugenden giebt, die der König erlernen muss und sein Herrscherideal Heinrich IV. auch erlernt hat, sagt er uns ebenfalls. (XVII, v. 8.) Was das Verhältnis der Unterthanen zum Fürsten betrifft, so erscheinen uns zwei Prosastellen aus Malherbe's Werken besonders bezeichnend. Die eine findet sich in der Widmung, die Malherbe der Übersetzung des XXIII. Buches des Livius vorausschickt. (Bd. I, S. 391 ff.) In dieser Luynes gewidmeten Vorrede führt Malherbe aus, dass das Beste, was diejenigen, die in Monarchien lebten, thun könnten, darin bestehe, den Königen Ehre zu erzeigen und sich ihrem Willen anzupassen (conformer). Denn wie es ihnen gut dünkt, sind wir gross oder klein, arm oder reich, glücklich oder unglücklich. Was uns das Glück gewähren will, das giebt es uns durch ihre Hände. »Sie sind nämlich Stellvertreter eines Herrn, der ihnen so viel von seiner absoluten Gewalt über die irdischen Dinge überlässt, dass eine tierähnliche Dummheit dazu gehört, ihre Gnade zu verachten und nicht zu fürchten in Ungnade zu fallen.« Und in einem Brief an Ludwig XIII. (Bd. IV, S. 116) fasst der Dichter das Verhältnis der Unterthanen zum Fürsten im mittelalterlichen Sinn als ein Dienstverhältnis auf, wenn er sagt: »Les bons sujets sont à l'endroit de leur prince comme les bons serviteurs à l'endroit de leurs maitresses. Ils aiment ce qu'il aime, veulent ce qu'il veut, sentent ses douleurs et ses joies, et généralement accommodent tous les mouvements de leur esprit à ceux de sa passion.« Ein solch getreuer Diener seines Herrn will auch Malherbe sein, wie er Sr. Majestät versichert.

Der schönste Zug in Malherbe's Wesen ist ein glühender Patriotismus. Immer wieder besingt er aus diesem Gefühl den Frieden, »denn nur im Frieden gedeiht alles, da wirken die Gesetze und ihre höchste Gewalt festigt die Diademe auf den Häuptern der Könige (Bd. I, LIII, v. 101 ff.), im Frieden gewährt uns selbst der Winter Blumen (LXIV, v. 124). In einem Gedicht vom Jahre 1615 feiert er den »Frieden, der in Frankreich felsenfest begründet sei« (LXXII, v. 19).

Darum wird der Dichter auch am leidenschaftlichsten, wenn er sich gegen die Störer des Friedens, die Aufständigen, wendet, gegen

> Ces François qui n'ont de la France
> Que la langue et l'habillement. (Bd. I, No. XII, v. 99 f.)

Wie innig dankt er der Güte Gottes, »die die Frechheit der Vernunft zu Füssen geworfen hat«. (Bd. I, No. XVIII, v. 3). Ein unbekanntes Unglück schleicht sich unter die Menschen und macht sie zu Feinden der Ruhe; sie strengen sich an, es immer wieder zu erneuern, als wenn sie das allgemeine Elend liebten. Bei diesem traurigen Zustand tröstet den Dichter nur die Gewissheit, que la bonne cause est toujours la plus forte« (Bd. I, No. XVIII, v. 25 ff.). Den stärksten Ausdruck findet Malherbe's patriotischer Zorn gegen die Aufständigen in der Prédiction de la Meuse aux princes révoltés :

> Allez à la malheure, allez, âmes tragiques,
> Qui fondez votre gloire aux misères publiques,
> Et dont l'orgueil ne connoit point de lois.
> Allez fleaux de la France, et les pestes du monde.
> (Bd. I, No. LXVI, v. 1 ff.)

Ein Jahr vor seinem Tode ruft er noch seinem König zu:

> Prends ta foudre, Louis, et va comme un lion
> Donner le dernier coup à la dernière tête
> De la rébellion. (Bd. I, No. CIII, v. 2).

Aber Malherbe ist nicht damit zufrieden, dass er sein Vaterland mächtig im Frieden emporblühen sieht, er richtet die Blicke über die Grenzen des Landes hinaus und weiss, dass das Geschick den beiden Söhnen Heinrich's IV. die ganze Erde zur Teilung bestimmt hat (Bd. I, No. XXIV, v. 1 f.).

An einer anderen Stelle sagt er, es sei dieselbe Sache nur unter verschiedenen Namen, Herr der Welt und »König der Lilien« zu sein (LXXXVII, v. 11); die Welt werde der König mit Hilfe Richelieu's erobern.

Im Verhältnis Malherbe's zu Richelieu giebt es keinen Missklang. Wo der Dichter von dem Kardinal spricht, da thut er es mit Worten aufrichtigster Verehrung. Begeistert blickt er zu dem Mann empor, der seinem Vaterland die Ruhe wiedergegeben hat, der wie ein Herkules das Unglück Frankreichs beseitigt (Brief an Richelieu vom Jahre 1628, Bd. IV, S. 117 ff.), in dem Frankreich den Äsculap seiner Leiden gefunden hat (Bd. IV, S. 104). In der Verehrung des Dichters nimmt er die Stelle gleich nach dem König ein. Die dankbare Verehrung des Dichters dem Kardinal gegenüber ist uns auch von seinem Neffen de Boyer bezeugt. (Bd. II, S. 261.) Liebevolle Besorgnis um das Wohl und die Gesundheit des Kardinals, Freude über seine Wiedergenesung sprechen aus den Zeilen eines Briefes an Racan (vom 10. September 1625; Bd. IV, S. 15 ff.): »A cette heure, grâces à l'ange protecteur de la France, il est hors de péril, et les gens de bien de crainte.« (S. 20.) Was Malherbe an dem bewundernswerten« (Bd. IV, S. 106) »unvergleichlichen Prälaten« (IV, 20 und 104) besonders rühmenswert fand, das war das völlige Aufgehen im Dienste des Vaterlandes, die unausgesetzte Arbeit für seinen Herrn, die ihn die eigene Gesundheit gering schätzen liess (IV, 20). »Für Richelieu gebe es,« so sagt Malherbe in einem Brief vom 14. Oktober 1627 (IV, 104) »kein anderes Interesse als das öffentliche.« »Il s'y attache,« fährt er fort, »avec une passion si je l'ose dire, tellement déréglée, que le préjudice visible qu'il fait à sa constitution extrêmement délicate, n'est pas capable, de l'en séparer. Il s'y restreint comme dans une ligne écliptique, et ses pas ne savent point d'autre chemin« (ebd. S. 105). Es scheine für ihn, so heisst es einige Seiten später in demselben Brief, keine anderen Krankheiten als die des Staates zu geben. Eine wahre Selbstverachtung führe den Kardinal zu dieser Auffassung (ebd. S. 109); seiner Uneigennützigkeit wird rühmend gedacht (ebd. S. 108 ff.).

Geist, Urteilskraft und Mut hat der Dichter noch nie in einem solchen Grade vereinigt gefunden als bei Richelieu (IV, 105). So scheint ihm etwas Übermenschliches in dem Kardinal zu wohnen: »mais je vous jure qu'il y a en cet homme quelque chose qui excède l'humanité« (IV, 20).

Rückblick und Übergang zu Corneille.

Das 16. Jahrhundert war ein Zeitalter des Kämpfens und Ringens auf dem Gebiet des äusseren, staatlichen Lebens, wie auch im Reiche geistiger, litterarischer Bethätigung. Auch die politische Litteratur zeigt uns ein Bild des Kampfes.

Wie das Altertum überhaupt die Quelle neuen Lebens für die abendländischen Völker wurde, so ward im Staatsleben im besonderen das alte römische Imperium Vorbild für die Herrscher. Die Gewaltherrschaft der italienischen Tyrannenstaaten trug dazu bei, den Hauptcharakterzug der ganzen Renaissance: den Individualismus auch auf dem Gebiete des Staates in der Person des allmächtigen Herrschers auszubilden [1]). So ergiebt sich der Absolutismus als ein Produkt der Renaissance.

Und wie die ganze neue Bewegung zuerst in Italien die Geister erfasste, so fand auch die neue Staatskunst ihren ersten litterarischen Ausdruck auf italienischem Boden, in Machiavelli's »Il principe«.

Wir sahen, wie dann die neue geistige Strömung mit Beginn des Jahrhunderts in Frankreich eindrang und für das Staatsleben dieselbe Folge hatte wie in Italien. Unter ihrem Einfluss nahm der französische Absolutismus bis zur Mitte des Jahrhunderts seinen ersten glänzenden Aufschwung.

Während er aber in der »Plejade« seine dichterische Verherrlichung fand, machte sich bereits eine Unterströmung geltend, die ihren Ausgang von der religiösen Reformation nahm. War die Renaissance absolutistisch, so war die Reformation anti-absolutistisch oder geradezu republikanisch. So fanden denn die Ideen vom absoluten Staat auch in der Litteratur ihren Hauptwiderstand bei den Anhängern des Calvinismus, bei Hotmann und Du Plessis-Mornay. Zwar haben dann die Katholiken in der Zeit Heinrich's III. ihrem Widerstand gegen den absoluten Herrscher den denkbar schärfsten Ausdruck gegeben, die Methode ihrer Beweisführung entnahmen sie aber, wie uns J. Boucher's »De justa abdicatione Henrici III.« zeigt, den hugenottischen Schriftstellern [2]). Die Zeit der ärgsten Verwirrung zeitigte sodann Bodin's Buch »Vom Staate« und die Lehre von der Souveränität. Hatten die hugenottischen Schriftsteller den »Staatsvertrag« zum Ausgangspunkt ihrer Erörterungen gemacht, hatten sie im ausgesprochenen Gegensatz zum römischen Recht gestanden, so kehrte Bodin, indem er die Gewalt des Herrschers mit der des römischen paterfamilias verglich und den Staatsvertrag ausdrücklich verwarf, zu der Anschauung der Renaissance vom Staate als Kunstwerk zurück.

---

[1]) s. Burckhardt, a. a. O. S. 57 ff. und 132 ff.
[2]) s. Weill, a. a. O. S. 223.

Den Schriftstellern beider Richtungen war aber gemeinsam, dass sie im Gegensatz zu Machiavelli und seiner Trennung von Staatslehre und Ethik standen. Dass auch der absolute Herrscher den »natürlichen« Gesetzen, d. h. den Gesetzen der Moral unterworfen ist, fanden wir als selbstverständliche Forderung auch bei den eifrigsten Anhängern des absoluten Königs in Frankreich, bei Ronsard und Malherbe, und wir werden sie auch bei Corneille wiederfinden.

Die mit der Reformation aufkommende anti-absolutistische Strömung hatte wohl ihre Anhänger auf dem Gebiet der politischen Publizistik gefunden, auf dem der Litteratur im engeren Sinn hat sie nur wenig Wirkung gehabt. Ronsard und seine Schule, die Verfasser der Satire Ménippée, Malherbe, sie alle verherrlichen die absolute Monarchie. Die Dichtung blieb auch dem Ideengehalt nach unausgesetzt unter dem Einfluss der Renaissance.

Mit Beginn des neuen Jahrhunderts war der Sieg des absoluten Königtums entschieden. Auch auf litterarischem Gebiet verstummte bald jeder Widerstand gegenüber der glänzenden Erscheinung Heinrich's IV. Bei dem plötzlichen Tode dieses Königs war die Nation einen Augenblick wie betäubt; der tiefe Schmerz über die That Ravaillac's, der durch das ganze Volk ging, zeigte am besten, wie tief das Königtum nach der schrecklichen Zeit der Bürgerkriege Wurzel geschlagen hatte. Und so hat dieses plötzliche Hinscheiden König Heinrich's der auf die Stärkung des Königtums gerichteten Strömung, die gerade die besten Kräfte der Nation ergriffen hatte, keinen Eintrag gethan.

Zwar trat unter der Regentschaft Maria's von Medici (1610 bis 1617) »die königliche Gewalt einen Schritt vor den Grossen zurück«, zum letzten Mal aber vor der Revolution tagten in jenen Zeiten die Generalstände. In jener denkwürdigen Versammlung vom Jahre 1614 beriet man über den berühmten Artikel des dritten Standes, der die absolute Souveränität des Herrschers proklamierte, zugleich auch eine Abdankung der Stände zu Gunsten des Königtums bedeutete.

Die politische Publizistik trat mit dieser Zeit völlig in den Dienst des Absolutismus. Le Bret formulierte eine vollständige Lehre der unumschränkten Monarchie in seinem Buch »De la souveraineté du roi« (erschienen 1632). Mit seinem Ausruf: »O rois, vous êtes des dieux«, ist auch die Publizistik bei der kritiklosen, überschwänglichen Verherrlichung angekommen, die der Poesie schon seit Ronsard eigen war. Und konnte es jetzt auch anders sein, wo die starke Hand Richelieu's alles Widerstrebende zu Boden hielt und dem absoluten Regiment die letzte Vollendung gab?

So blieb denn die schöne Litteratur ganz auf der alten Bahn, in die sie Malherbe gewiesen. Wie sein Lehrer Malherbe Heinrich IV., besingt Racan Ludwig XIII. und Richelieu in politischen Oden und Maynard feiert Richelieu in den überschwänglichen Versen:

> Au point où je te vis paraitre,
> Je te regarde comme un dieu
> Qui, pour se faire méconnaître,
> A pris le nom de Richelieu.

Auch die Dichter, die nicht zur Schule Malherbe's gehören, wie M. Regnier, Théophile de Viaud, Saint Amant, Balzac (»Le Prince«) und Voiture sind einig mit ihm in der Vaterlandsliebe, in der Verherrlichung Ludwig's XIII. und Richelieu's.

Aus der poetischen Niederung ragt aber eine Gestalt empor, die, dem für wahre Poesie unheilvollen Machtgebot Richelieu's ausweichend und seine dichterische Freiheit bewahrend, aus eigener Überzeugtheit in seinen Werken zum mächtigsten Vorkämpfer des absoluten Königtums wird: Pierre Corneille. Wie er die zeitgenössischen Dichter an poetischem Können weit überragte, so liess er sie auch in der Art, wie er die grossen politischen Fragen der Zeit erfasste und in einer reineren Kunst, als es die Hofdichtung sein konnte, zur Darstellung brachte, weit hinter sich zurück.

Die Staatsidee Pierre Corneille's.

Der Zug zur Politik, wie er im Leben und im Dichten zum Ausdruck kommt, gehört seit alten Zeiten zum Stammescharakter der Normannen. Die Politik verlangt vor allem klaren, nüchternen Verstand, kann aber doch, wo es sich um die grossen, nationalen Lebensfragen eines Volkes handelt, eines die Masse mit fortreissenden Schwungs nicht entbehren. Sehen wir diese beiden Eigenschaften in dem Stammescharacter der Normannen vereinigt, so kann es uns nicht Wunder nehmen, dass sie schon beim Beginn ihres geschichtlichen Auftretens eine hervorragende Befähigung für die Politik im weitesten Sinne an den Tag legten. »Die politische Organisation ihres Herzogtums legt schon früh Zeugnis ab von jenem Beruf zur Staatenbildung und Gesetzgebung, die sich später an grösseren Aufgaben bewähren sollte.« [1])

Die Stammeseigentümlichkeiten haben auch der Litteratur ihr eigentümliches Gepräge verliehen. Schon Wace, der grösste normannische Dichter des Mittelalters, hat in seinen Werken, besonders im Roman de Rou, seine Vorliebe für politische, nationale Stoffe bezeugt und sich als patriotischer Dichter erwiesen. Vorwiegend politisch ist auch die Dichtung des Normannen Gringore, der die Politik Ludwig's XII., vor allem in seinen dramatischen Werken, unterstützte. Jean Marot setzt die Reihe der normannischen Dichter fort und feiert Fürst und Vaterland.

Patriotisch wie keiner, ein echter Normanne »in der instinktiven Erfassung der lebensfähigen, zukunftsmächtigen Kräfte der Zeit«,

---

[1]) ten Brink, Geschichte der englischen Litteratur, I. 150.

wie sie sich in Heinrich IV. verkörperten, war, wie wir sahen, François de Malherbe.

Und nun tritt uns Corneille entgegen mit einer langen Reihe von Dichtungen, deren allgemeinsten Charakter man mit einem Wort des Dichters selbst bezeichnen kann: »Politique partout« (Oedipe II, v. 532).

Welcher Art diese Politik ist, können wir nur nach einer eingehenden Betrachtung der Werke darlegen; hier wollen wir nur im allgemeinen auf den politischen Charakter der Dichtung Corneille's hinweisen.

Dass die Helden Corneille's zumeist Fürsten und Fürstinnen sind, wodurch die politischen Fragen naturgemäss in den Vordergrund gerückt werden, hängt mit den Prinzipien der Kunstlehre Corneille's zusammen. Ein wesentlicher Faktor der Kunstwirkung unseres Dichters ist die Bewunderung[1]). Bewunderung kann aber nur durch die Darstellung erhabener, aussergewöhnlicher Tugenden und Probleme erzielt werden. Auch die »Würde« der Tragödie verlangt ja schon, sagt Corneille in seinem Discours du poëme dramatique« (Bd. I, S. 24) »quelque grand intérêt d'État, ou quelque passion plus noble et plus mâle que l'amour, telles que sont l'ambition ou la vengeance, et veut donner à craindre des malheurs plus grands que la perte d'une maîtresse. Il est à propos d'y mêler l'amour, parce qu'il a toujours beaucoup d'agrément, et peut servir de fondement à ces intérêts, et à ces autres passions dont je parle; mais il faut qu'il se contente du second rang dans le poëme, et leur laisse le premier«. Da nun diese grossen Leidenschaften und Interessen zumeist auch bei den Grossen der Welt zu finden sind, so sind die Fürsten die eigentlichen Helden der Tragödie. Wenn sie Corneille zu Helden einer Komödie macht, so nennt er sein Werk vorsichtiger Weise »Comédie héroique« und verbindet damit die Absicht »pour satisfaire aucunement à la dignité de ses personnages, qui pourroit sembler profanée par la bassesse d'un titre que jamais on n'a appliqué si haut«. (Epitre

---

[1]) Heinrich von Stein stellt die Bewunderung als das Prinzip der Corneille'schen Kunstwirkung hin (s. »Die Entstehung der Neueren Ästhetik«. Stuttgart, 1886; S. 35). Corneille selbst hat aber doch die Bewunderung nur als *eines* der Mittel dichterischer Wirkung und zwar als ein von ihm den Aristotelischen Mitteln des Mitleids und Schrecken hinzugefügtes bezeichnet (Examen zum Nicomède, Bd. V, S. 508).

zum »Don Sanche«, Bd. V, S. 410). Es sei zwar keine Notwendigkeit, sagt der Dichter, nur das Unglück von Königen auf die Bühne zu bringen, aber es geschehe in Wirklichkeit, da anderen Sterblichen kein so hervorragendes und aussergewöhnliches zustosse, um einen Platz auf der Bühne zu verdienen, und weil uns die Geschichte keine derartigen Fälle überliefert habe (Discours de la tragédie, Bd. I, S. 54 f.). So sehen wir in allen Tragödien und heroischen Komödien Corneille's Fürsten oder Fürstinnen oder doch zum mindesten Adelige im Mittelpunkte des Interesses, und zumeist ist es der Konflikt zwischen den Neigungen des Herzens und den Forderungen des Staates, der dargestellt und zu Gunsten der letzteren gelöst wird.

Wie so die Gedanken des Dichters unausgesetzt auf die grossen Fragen des Staatslebens gerichtet waren, so zeigt auch sein Ausdrucksmittel dieser Gedanken, die Sprache, einen starken Bestandteil politischer Ausdrücke und stehender Wendungen. Auch wenn von den intimsten Gefühlen des menschlichen Herzens die Rede ist, stellt sich jener politisch gefärbte Stil ganz ungesucht ein.

Amor heisst in der »Rodogune« (v. 830): »le grand maître et des rois et des Dieux«, in der »Psyché« (v. 1368) wird von seiner »pouvoir suprême« gesprochen, und er wird mit »Seigneur« angeredet (v. 1463, 1495). Als König und Monarch erscheint er in den folgenden Versen:

»Quand nous pourrions choisir entre tous les monarques,
En est-il un, de tant de rois,
Qui porte de si nobles marques?« (Psyché, v. 1335 ff.)

Die Augen der Geliebten werden bezeichnet als »rois« (Polyeucte, v. 1330), der sonst so mächtige Attila nennt sie »mes souverains« (Attila, v. 779). Agésilas spricht von Blicken, die »eine zu absolute« Gewalt über ihn haben[1]); in demselben Stück wird die Wahl der Augen »le plus légitime« genannt (v. 592), auch von den »Gesetzen« der Liebe ist vielfach die Rede (Agésilas, v. 116, 338). Besonders ausgeprägt zeigt sich der politische Stil in den folgenden Stellen des Polyeucte:

Tu vois, ma Stratonice, en quel siècle nous sommes:
Voilà notre pouvoir sur les esprits des hommes;

---

[1]) O vue! ô sur mon cœur regards trop absolus! (Agésilas, v. 1801.)

Voilà ce qui nous reste, et l'ordinaire effet
De l'amour qu'on nous offre, et des vœux qu'on nous fait.
Tant qu'ils ne sont qu'amants, nous sommes *souveraines*
Et jusqu' à la *conquête* ils nous traitent de *reines;*
Mais après l'hyménée ils sont *rois* à leur tour.
(Polyeucte, v. 129 ff.)
und
Ma raison, il est vrai, dompte mes sentiments;
Mais quelque *autorité* que sur eux elle ait prise,
Elle n'y *règne* pas, elle les *tyrannise.* (Polyeucte, v. 500 ff.)

Der politische Charakter der Werke Corneille's ist denn auch Zeitgenossen und später Lebenden aufgefallen. Nach der Aufführung des Attila (1667) hat Robinet diese Eigenart des Dichters rühmend hervorgehoben in den Versen:

. . . . . .
Et de telle façon s'explique,
Qu'il semble avoir, en bonne foi,
Été grand ministre ou grand roi [1]).

So hat auch Donneau de Visé die Werke Corneilles ihres politischen Gehalts wegen für würdig erklärt d'être conservées dans les cabinets des princes, des ministres et des rois«[2]). Bekannter sind die Worte des Marschalls von Gramont: Corneille est le bréviaire des rois«[3]) und die Napoléon's I.: »Si Corneille eût vécu de nos jours, je l'eusse fait prince«[4]).

Auch darin zeigt sich der politische Charakter einer Dichtung, wenn sich die Polizei mit ihr beschäftigen zu müssen glaubt. So ist es auch einzelnen Stücken Corneille's im raschen Wechsel der

---

[1]) Lettre en vers à Madame vom 13. März 1667; bei Marty-Laveaux. Bd. VII, S. 99 f.

[2]) Recueil de l'abbé Granet, Bd. I, 132. 133; bei Marty-Laveaux, Bd. VI, S. 457.

[3]) bei Marty-Laveaux, Bd. VI, S. 569.

[4]) Dies ist der authentische Wortlaut und nicht, wie häufig citiert wird: »Si Corneille eût vécu de nos jours, j'en eusse fait mon premier ministre« (s. Sainte-Beuve, »Nouveaux Lundis«, 7. Bd., S. 207 ff.). Wie sich aus dem Zusammenhang, in dem Napoleon diesen Ausspruch gethan hat, ergiebt, handelt es sich allerdings weniger um eine Anerkennung der politischen Fähigkeiten Corneille's als des grossen, Herz und Geist erhebenden Zuges der Tragödie, die so die beste Schule grosser Männer sei.

politischen Anschauungen in Frankreich ergangen. Nachdem schon im Lauf des 17. Jahrhunderts einzelne Stellen, wie des Cid[1]), des Toison d'or (Prolog, v. 29 ff.)[2]) unterdrückt werden mussten, brachte die Revolution ein Verbot des Cid, weil darin ein König vorkam, und des Polyeucte, weil hier religiöse Ideen und Empfindungen mit Lebhaftigkeit vorgetragen wurden. Die Restauration nahm dagegen Anstoss am »Don Sanche d'Aragon« und seinen angeblich demokratischen Ideen und verbot das Stück, das 1814 vom Théâtre français aufgeführt werden sollte. Noch 1833 konnte es nur in einer abschwächenden Bearbeitung von M. Planat aufgeführt werden.

Es erhebt sich nun die Frage: Hat Corneille in seinen Dramen, die ja durchgehends historische Stoffe behandeln, die den dargestellten Epochen eigentümlichen Ideen, wie sie vor allem in der Auffassung des staatlichen Lebens seitens der Herrscher und der Beherrschten zum Ausdruck kommen, darstellen wollen, oder hat er nur die fremden Stoffe benutzt, um ein eigenes, in seiner Zeit und den Zuständen seines Vaterlandes wurzelndes Ideal vom Staat aufzustellen? Abgesehen davon, dass es ja bisher noch keinem Menschen gelungen ist, ganz den Ideenkreis einer fernen Zeit und eines fremden Volkes in sich aufzunehmen und neu zu gestalten, wäre es auch ganz undichterisch, wenn Corneille seine eigene Individualität, die doch auch durch die Zeit, in der er lebte, mitbedingt ist, so völlig aufgegeben hätte. Denn von den Forderungen der Ästhetik der Dichtkunst wird doch diejenige am allgemeinsten anerkannt, die besagt, dass der Dichter in seinem Kunstwerk seine eigene Persönlichkeit zur Darstellung bringen solle. Wie in dieser Beziehung Corneille aufzufassen ist, wird uns eine kurze Betrachtung seiner Quellenbehandlung sagen.

Zunächst ist zu beachten, das Corneille Änderungen mit seinen Stoffen aus Gründen vornimmt, die ihm seine Auffassung vom Wesen und Zweck der Tragödie an die Hand giebt. Die Ästhetik Corneille's ist nun moralisierend, insofern der Dichter von jedem dramatischen

---

[1] s. Notice von Marty-Laveaux, III, S. 17.

[2] Voltaire erzählt uns, dass Campistron diese Worte einer seiner Personen im »Tiridate« (II, 2) in den Mund legte, und dass sie von der Polizei verboten wurden (s. Marty-Laveaux, Bd. VI, S. 253. Anm. 1).

Gedicht einen moralischen Nutzen verlangt[1]) (Discours du poème dramatique, Bd. I, S. 17. ff.), und, was speziell die Tragödie betrifft, die ihr von Aristoteles als notwendig zugeschriebene Wirkung so auffasst, dass das Unglück, in das wir unsere Nächsten fallen sehen, uns ein ähnliches für uns selbst fürchten lässt, dass diese Furcht in uns den Wunsch erzeugt, ein solches Unglück zu vermeiden, und dass wir hierdurch veranlasst werden, die das Übel veranlassende Leidenschaft zu regeln, zu mässigen oder ganz zu unterdrücken (Discours de la tragédie, Bd. I, S. 53). Das letztere ist, wie wir sehen, ebenfalls eine moralische Wirkung, allerdings aus Nützlichkeitsgründen hervorgerufen. Zu dieser moralisierenden Tendenz kommt nun eine mehr künstlerische in der schon oben besprochenen Absicht, Bewunderung zu erzeugen. Beide wirken darin zusammen, dass sie den Dichter veranlassen, seine Helden und die Personen seiner Stücke, auf deren Seite unverkennbar seine Sympathie ist, als edle, Bewunderung verdienende Menschen darzustellen. Da ihm aber der Stoff nicht immer geeignetes Material dazu überliefert, nimmt er Änderungen vor. So hat er, wie er in der Vorrede an den Leser zum Nicomède sagt (Bd. V, S. 503 f.), seine Quelle frei benutzt, um sein Werk so gestalten zu können, »que tous mes personnages y agissent avec générosité, et que les uns rendant ce qu'ils doivent à la vertu, et les autres demeurant dans la fermeté de leur devoir, laissent un exemple assez illustre, et une conclusion assez agréable«.

In demselben Stück hat er die Römer aus eben diesen Gründen edelmütiger geschildert, als sie die Geschichte überliefert hat, wenn er die Arsinoë, vom Tode Hannibals sprechend, sagen lässt:
»Rome l'eût laissé vivre, et sa légalité
N'eût point forcé les lois de l'hospitalité.«
(Nicomède, v. 297 f.).

Den Schluss zum Toison d'or hat der Dichter verändert, um ihn »überraschender und wunderbarer« zu machen. Hier, wie in dem anderen Ausstattungsstück »Andromède« hat der Dichter, entsprechend dem besonderen Zweck der Werke, zur Erhöhung

---

[1]) Der moralische Nutzen eines dramatischen Gedichtes kann durch eingestreute moralische Maxime und Sentenzen (Bd. I, S. 18) oder durch die naturgetreue Schilderung des Lasters und der Tugend (ebd. S. 20) oder endlich durch die das Stück beendigende Belohnung des Guten und Bestrafung des Bösen (ebd. S. 21) erreicht werden.

des szenischen Glanzes Änderungen vorgenommen (s. auch Examen zur Andromède, Bd. V, S. 299).

Auch die Forderung der Wahrscheinlichkeit hat den Dichter manches ändern lassen, z. B. im Charakter der Cassiope in ›Andromède‹ (Bd. V, S. 294 und 299).

Auch die anderen Forderungen seiner Kunstlehre: die Forderungen einer in sich abgeschlossenen Handlung (Discours du poème dramatique, Bd. I, S. 26), der Notwendigkeit, der Einheit des Ortes und der Zeit haben ihn zu mannigfachen Änderungen veranlasst.

Dazu kommt noch die Rücksicht auf die Mittel der Bühne (s. Pompée, Au lecteur, Bd. IV, S. 14; Andromède, Examen, Bd. V, S. 299) und die Rücksicht auf die Zuschauer, d. h. auf die sittlichen und gesellschaftlichen Anschauungen der Zeit. Im Examen zur Rodogune« sagt uns der Dichter, er habe die Darstellung so gewendet, dass Demetrius stirbt, ehe er der Rodogune die Hand reichen kann, damit nicht die Liebe, die dann ihre beiden Söhne (Stiefsöhne) für die Witwe ihres Vaters (für ihre Stiefmutter) gehabt hätten, den Zuschauer abstiesse: »tant cette affection incestueuse répugne à nos mœurs« (Bd. IV, S. 425). Aus dem Phineus, den Ovid als Bruder des Königs bezeichnet, hat Corneille in der »Andromède« dessen Neffen gemacht, damit er nicht seine Nichte, sondern seine Cousine heiratet, und damit, wie er hervorhebt, wieder Rücksicht auf sein Publikum genommen (Bd. V, S. 300).

Eine besondere Art der Quellenbehandlung hat Corneille bei religiösen Stoffen. Wenn die Lebensbeschreibungen von Heiligen die Quelle sind, so scheut er sich nicht, seiner eigenen Erfindung zu folgen. Anders, wenn er die Bibel benutzt. Hier glaubt er nicht das Recht zu haben, irgend etwas zu ändern, wohl hält er es aber nicht für verboten, etwas hinzuzufügen, ›wofern es nur den Wahrheiten des Heiligen Geistes‹ nicht widerspricht, oder etwas auszulassen, was auf dem Theater nicht gefallen würde. Aber eine direkte Veränderung des Textes ist nicht erlaubt (Examen zum Polyeucte, Bd. III, S. 480 f.)

Wir sehen schon aus diesen Andeutungen — eine ins Einzelne gehende Betrachtung der Quellenbehandlung Corneille's ist hier nicht am Platz — wie mannigfach sich Corneille bewusst von den überlieferten geschichtlichen Stoffen entfernt, und wie er dies nicht nur bezüglich des äusseren Verlaufs der Handlung, sondern auch bezüglich der sittlichen Anschauungen der die Handlung führenden Personen thut. Sein Vorbild in dieser dichterischen Freiheit hat Corneille bei den griechischen Tragikern Sophokles und Euripides gesehen. Die verschiedene Darstellung des Todes der Klytemnestra durch diese beiden Dichter bringt ihn zu der Überzeugung, dass man, wie sie, wohl die Haupthandlung beibehalten solle, dabei aber zu prüfen habe, ob sie nicht so grausam oder so schwer darzustellen sei, qu'elle puisse diminuer quelque chose de la croyance que l'auditeur doit à l'histoire, et qu'il veut bien donner à la fable, en se mettant à la place de ceux qui l'ont prise pour une vérité«. (Discours de la tragédie, Bd. I, S. 78).

Auch die Grenze, wo diese dichterische Freiheit aufhört, hat uns Corneille angegeben und damit zugleich gezeigt, in wie weit er historisch ist. »Aber es giebt Dinge,« sagt er in der Abhandlung über die Tragödie (I, 89), »über die der Dichter niemals ein Recht hat.« Das sind nach Corneille's Meinung: die Chronologie der historischen Ereignisse, die Lage der Orte, an denen sich die Handlung abspielt, und »die Namen der Königreiche, Provinzen, Städte, Berge und der hauptsächlichsten Flüsse«. Aus diesen Worten geht klar hervor, worin die so sehr gerühmte historische Treue Corneille's besteht: in dem Festhalten von Äusserlichkeiten, und auch die oben erwähnte Forderung, die Haupthandlung beizubehalten, bezieht sich ja ebenfalls auf etwas Äusserliches.

Und gerühmt ist sie worden, diese historische Treue Corneille's. Das höchste Lob hat ihr St. Évremont in seiner »Dissertation sur l'Alexandre de Racine« [1]) gespendet. »Corneille sei fast der einzige, der den guten Geschmack des Altertums habe und in den Geist der alten Völker eingedrungen sei. Das aber sei der Grund, warum ihm das Publikum keine Gerechtigkeit widerfahren lasse.« Hierbei denkt St. Évremont an das Geschick der späteren Stücke Corneille's. Die Wandlung in der Gunst des Publikums erklärt sich aber viel natürlicher aus einer Wandlung des Geschmacks während der Lebenszeit unseres Dichters, wenn wir von dem selbstverständlichen Nachlassen der dichterischen Kraft in den letzten Jahren absehen.

Von den Zeitgenossen hat sich ausser St. Évremont auch

---

[1]) s. Marty-Laveaux, Bd. VI, S. 467. Anm. 1.

M. Tafignon lobend über die historische Treue ausgesprochen mit den Worten: »Corneille pour les (die Römer) peindre, avoit, si l'on peut le dire, fondu dans sa tête les plus belles pensées des historiens qui en ont parlé le plus noblement« [1]). Aber schon St. Évremont ist bei seiner Beurteilung der historischen Fähigkeiten Corneille's das Missgeschick widerfahren, trotz seiner offenbar gegenteiligen Ansicht, dem Dichter etwas nachzurühmen, was nichts weniger als historische Treue ist; wenn er sprach von »Corneille qui fait mieux parler les Grecs que les Grecs, les Romains que les Romains, les Carthaginois que les citoyens de Carthage ne parloient eux-mêmes« [2]). Und denselben Gedanken spricht Chapuzeau (Théâtre français, 41, 42) aus, wenn er Corneille die besondere »Wissenschaft« nachrühmt, »à faire parler et les Carthaginois et les Grecs et les Romains, comme ils devoient parler, et mieux qu'ils ne parloient en effet [3]). An diese beiden Männer, die deutlich gefühlt haben, dass Corneille seine Helden idealisierte, schliesst sich Balzac mit seinem sich in gleicher Richtung bewegenden Urteil über die Schilderung der Römer in den Werken Corneille's an. Balzac selbst ist ja bekannt durch seine unhistorische Auffassung des Römertums, die er in seinen 1644 erschienenen »Discours« niedergelegt hat [4]), und die vielfach mit der Corneille's übereinstimmt. Und so hat er auch in einem Brief an Corneille [5]) dessen Auffassung und Behandlung des Römertums ganz richtig in den folgenden Sätzen beurteilt:

Vous nous faites voir Rome tout ce qu'elle peut être à Paris et ne l'avez point brisée en la remuant.

. . . .

Vous avez même trouvé ce qu'elle avait perdu dans les ruines de la République: cette noble et magnanime fierté; et il se voit bien quelques passables traducteurs de ses paroles et de ses locutions, mais vous êtes le vrai et fidèle interprète de son esprit et de son courage. Je dis plus, Monsieur, vous êtes souvent son

---

[1]) s. Marty-Laveaux, Bd. VI, S. 402. Anm. 1.
[2]) ebd. Bd. VI, S. 467. Anm. 1.
[3]) ebd. Bd. VI, S. 467 f.
[4]) Über die Auffassung des Römertums durch Balzac s. Lotheissen, Bd. I, S. 176 f.
[5]) s. Marty-Laveaux, Bd. X, S. 440 f.

pédagogue, et l'avertissez de la bienséance quand elle ne s'en souvient pas. Vous êtes le réformateur du vieux temps, s'il a besoin d'embellissement ou d'appui.

. . . .
. . et je prends garde que ce que vous prêtez à l'histoire est toujours meilleur que ce que vous empruntez d'elle. Er sprach dem Dichter gegenüber mit Recht von den »Romains de votre façon«. Die prägnanteste und allgemeinste Fassung dieser Urteile hat La Bruyère in seinem »Corneille dépeint les hommes comme ils devraient être« gegeben. Was La Bruyère von der Menschenschilderung Corneille's überhaupt sagt, lautet in Beziehung auf die Schilderung historischer Personen: Corneille schildert die Menschen nicht, wie sie waren, sondern wie sie gewesen sein sollten.

Und unser Dichter brauchte sich ja gar nicht in den Geist der Zeiten zu versetzen. Wenn er Beispiele grosser Helden suchte, so fand er ihrer ja, wie er selbst sagte, in seinem Jahrhundert genug:
Le siècle a des héros, il en a même assez
Pour en faire rougir tous les siècles passés;
Il a plus d'un César, il a plus d'un Achille.
(La Poésie à la Peinture, v. 47 ff., Bd. X, S. 118.)

Die Helden selbst auf die Bühne zu bringen ging nicht an, so liess er sie in fremdem Kostüm und unter anderem Namen auftreten. So hat er von Ludwig XIV. gesagt:
Sur mon théâtre ainsi tes vertus ébauchées
Sèment ton grand portrait par pièces détachées;
Les plus sages des rois, comme les plus vaillants,
Y reçoivent de toi leurs plus dignes brillants.
(Au roi. Sur son retour de Flandre, v. 55; Bd. X, S. 188).

In der Ode und im Sonett versteht der Dichter nicht, wie er sagt, den König zu loben, dafür hat er ihn manchmal auf dem Theater verherrlicht, indem er einige seiner glänzendsten Züge darstellte [1]), durch die er Cäsar und Alexander in den Schatten gestellt habe.

---

[1]) Là ce même génie ose de temps en temps
Tracer de ton portrait quelques traits éclatants.
. . . .
A peine tu parois les armes à la main,
Que tu ternis les noms du Grec et du Romain.
(Remerciment présenté au Roi, v. 35 f. und 43 f., Bd. X, S. 177 f.)

Und in diesem Urteil wollen wir uns dadurch nicht irre machen lassen, dass Corneille sich sichtlich bemüht hat, in einzelnen Äusserlichkeiten historisch zu sein. Es ist inkonsequent von ihm, wenn er, nachdem er bei der Quellenbehandlung zur Andromède, wie wir sahen, auf die sittlichen Anschauungen seiner Zeitgenossen feinfühlend Rücksicht nimmt, dann in der Sophonisbe 3 Jahre später eine Frau auf der Bühne erscheinen lässt, die mit zwei Männern zugleich verheiratet ist. Denn das Publikum konnte nicht wissen, dass die Gefangenschaft, in der sich Syphax befand, nach römischen und wahrscheinlich auch nach karthagischen Gesetzen die Ehe löste, und es hat mit Recht an dieser historischen Treue Anstoss genommen. Wo es Corneille gelegen kam, hat er sich auch einmal mit dieser historischen Treue verteidigt. Der Abbé d'Aubignac hatte an dem Prozess des Horace als den Gefühlen des französischen Adels widersprechend Anstoss genommen. Darauf bezieht sich offenbar die Stelle im Examen zum Horace (Bd. III, S. 280): »S'il ne prend pas le procédé de France, il faut considérer qu'il est Romain, et dans Rome, où il n'auroit pu entreprendre un duel contre un autre Romain sans faire un crime d'État et que j'en aurois fait un de théâtre, si j'avois habillé un Romain à la françoise.« Das besagt nicht viel, ebensowenig wie der Umstand, dass Corneille sich über eine Anerkennung seines historischen Talents freute (Bd. X, S. 498), zumal wenn wir bedenken, dass der Dichter selbst sehr wohl fühlte, wie schwer es sei, in den Geist eines fremden Volkes ganz einzudringen, und wie wenig Sicherheit ihm, der unter dem Einfluss seiner Zeit (notre usage!) stehe, in der Darstellung fremden Geistes gegeben sei (Bd. X, S. 450, Anm. 3). Und so hat er ja auch selbst in der Vorrede an den Leser zur »Sophonisbe« ausgesprochen, dass der Dichter die Geschichte korrigieren müsse[1]). Balzac hatte also Recht mit seinem »pédagogue« (s. o. S. 49).

In neuerer Zeit hat der französische Historiker Ernest Desjardins in seinem Buche »Le Grand Corneille Historien« (Paris, 1861) zu beweisen versucht, dass Corneille gleich gross als Dichter und

---

[1]) Sophonisbe »Au lecteur«. Bd. VI, S. 468 f. »Quoi qu'il en soit, comme je sais que les règles d'Aristote et d'Horace, et ne le sais pas même trop bien, je ne hasarde pas volontiers en dépit d'elles ces agréments surnaturels et miraculeux, qui défigurent quelques fois nos personnages autant qu'ils les embellissent, et détruisent l'histoire au lieu de la corriger.«

Historiker sei, und dass er uns in seinen 13 Römerstücken, von »Horace« bis »Attila« eine weit angelegte Darstellung der römischen Geschichte von ihren Anfängen bis zum Einfall der Barbaren gegeben habe. Sainte-Beuve hat diese Auffassung, die »aus dem grossen Dichter nur einen praktischen und geschickten Politiker macht« mit Recht zurückgewiesen¹).

So kommen wir zu dem Schluss, dass Corneille in der Behandlung der Geschichte die Forderung seines späteren Richters Lessing, dass die historische Wahrheit dem dramatischen Dichter nicht Zweck, sondern Mittel zum Zweck sein solle, nicht verletzt hat. Er hat vielmehr in seinen Werken ein eigentümliches Staatsideal, das in der Zeit und noch mehr in den sittlichen Anschauungen des Dichters wurzelt, zum Ausdruck gebracht und gemäss diesem seine Stoffe erfasst und umgestaltet.

So können wir uns nun im folgenden zu einer Darstellung dieses Staatsideals wenden.

Zu diesem Zwecke werden wir zunächst die Ansichten des Dichters über den Staat im allgemeinen aus seinen Stücken ableiten, dann nachzuweisen suchen, inwiefern sich in ihnen die Monarchie, und weiter welche Art der Monarchie sich in ihnen wiederspiegelt. In diesem dritten Abschnitt, der von der absoluten Monarchie handeln wird, besprechen wir die Stellung des Monarchen als Vertreters der göttlichen Macht, ferner seine sittliche und seine rechtliche Stellung. Daran wird sich eine Erörterung über die Rechte und Pflichten der Unterthanen und über die besondere Stellung der Minister, des Adels und des Volkes schliessen, und endlich werden wir einen Blick auf die religiösen Ansichten des Dichters und seine Auffassung des Verhältnisses von Staat und Kirche werfen.

Von den dramatischen Werken Corneille's haben wir benutzt:
1) seine 21 Tragödien (von Clitandre 1632 bis Suréna 1674);
2) seine 3 heroischen Komödien: Don Sanche (1650), Tite et Bérénice (1670) und Pulchérie (1672);
3) die als tragédie-ballet bezeichnete Psyché, die ja zum grösseren Teil (Prolog, Akt I, Akt II, 1 und Akt III, 1 sind von Molière) von Corneille stammt.

---

²) Nouveaux Lundis, Bd. VII, S. 204—208.

Die Lustspiele Corneille's bieten wenig für die politischen Ansichten des Dichters, darum haben wir sie nur gelegentlich herangezogen.

Ausserdem haben wir auch den Briefwechsel und die bisher wenig nutzbar gemachten lyrischen Erzeugnisse (bei Marty-Laveaux als »Poésies diverses« im X. Bd. seiner Ausgabe) des Dichters benutzt.

I. Der Staat im allgemeinen.

Einige allgemeinere Gedanken über den Staat hat Corneille im Cinna (Akt II, sz. 1) gegeben. Hier spricht er von der Verschiedenheit der vorkommenden Staatsformen und leitet sie von der Verschiedenheit der einzelnen Völker und Länder, und von dem Wandel der Zeiten ab. Nicht jede Staatsform, so lässt er Maximus reden, passt für jeden Himmelsstrich:

J'ose dire, seigneur, que par tous les climats,
Ne sont pas bien reçues toutes sortes d'États.
(Cinna, v. 535 f.)

Jedes Volk, so wird weiter ausgeführt, hat die Staatsform, die seiner Natur am besten entspricht. Das bewirkt ein »Gesetz des Himmels«, der in seiner Weisheit diese Mannigfaltigkeit des Universums schafft[1]). Darin stimmt auch Cinna mit Maximus überein, wenn er sagt:

Il est vrai que du ciel la prudence infinie
Départ à chaque peuple un différent genie. (Cinna, v. 545 f.).

So heisst es auch im Agésilas, v. 1741 f.:

Des climats différents la nature est diverse:
La Grèce a des vertus qu'on ne voit pas en Perse.

Und wie die Natur beider Länder verschieden ist, so sind es auch die in beiden herrschenden Staatsformen. Während in Persien der König »ein wenig zu monarchisch« ist, giebt es in Griechenland Könige, deren höchster Richter das Volk ist, andere wieder empfangen ihre Befehle von einem Senate, andere sind mit

---

[1]) Chaque peuple a le sien conforme à sa nature,
Qu'on ne sauroit changer sans lui faire une injure:
Telle est la loi du ciel, dont la sage équité
Sème dans l'univers cette diversité. (Cinna, v. 537 ff.)

ihrem grossen Titel weiter nichts als die ersten Unterthanen des Staates[1]). Aber nicht nur nach der Verschiedenheit der Länder und Völker sind die Staatsformen verschieden, auch bei ein und demselben Volk ändert sich die Form des Staates im Verlauf seiner Geschichte:

Mais il n'est pas moins vrai que cet ordre des cieux
Change selon les temps comme selon les lieux. (Cinna, v. 547 f.).

Und weiter wird in dieser uns ganz modern anmutenden entwickelungsgeschichtlichen Erörterung ausgeführt, wie sich Änderungen der Staatsform meist nicht ohne Kampf vollziehen. Es ist göttliche Ordnung, dass die grossen Güter, die wir erringen, uns »ein wenig teuer« verkauft werden[2]). Corneille brauchte ja nicht weit in die Geschichte seines Vaterlandes zurückzublicken, um diesen Satz bestätigt zu finden.

II. Die Monarchie.

Welche ist nun unter den drei Formen des Staates, die man gewöhnlich unterscheidet: der Monarchie, Demokratie und Aristokratie diejenige, die Corneille für die beste hält?

Schon der Umstand, dass in der langen Reihe seiner dramatischen Werke die Handlung sich immer in Staaten abspielt, die von Königen oder Kaisern, also monarchisch regiert werden[3]), lässt uns vermuten, dass es die Monarchie ist.

---

[1]) Agésilas, v. 457 ff.:
Si le roi dans la Perse est un peu trop monarque,
En Grèce il est des rois qui ne sont pas trop rois:
Il en est dont le peuple est le suprême arbitre;
Il en est d'attachés aux ordres d'un sénat;
Il en est qui ne sont enfin, sous ce grand titre,
Que premiers sujets de l'État.

[2]) C'est un ordre des dieux qui jamais ne se rompt,
De nous vendre un peu cher les grands biens qu'ils nous font.
(Cinna, v. 559 f.)

[3]) In den beiden Märtyrertragödien Polyeucte und Théodore treten zwar keine Monarchen auf, den Hintergrund der Handlung bildet aber in beiden Fällen das kaiserliche Rom. In der »Pulchérie« herrscht eine Kaiserin, in »Rodogune«, »Don Sanche« und »Sertorius« führen Königinnen das Szepter, in allen übrigen Stücken aber herrschen Kaiser oder Könige und nehmen mehr oder weniger an der Handlung teil.

Aber unser Dichter hat sich auch mehrfach direkt über diese Frage geäussert.

Wiederum vor allem in dem Werke, das den glänzendsten Vertreter der römischen Kaiserzeit zum Helden hat. Wenn wir gerade aus diesem Werk mehrfach Aufschluss über die politischen Ansichten des Dichters erhalten, so ist es dem Umstand zuzuschreiben, dass das 17. Jahrhundert und mit ihm Corneille gerade in der dargestellten Epoche der römischen Geschichte ihre politischen Ideale sahen.

Da spricht zunächst Cinna von der politischen Freiheit. Aber Cinna ist ja gar nicht der Held des Stückes und nur in den Worten des Helden kann sich nach der französischen Ästhetik des Jahrhunderts die Ansicht des Dichters aussprechen! Wenn wir trotzdem das, was Cinna sagt, für den Dichter in Anspruch nehmen, so leitet uns dabei die Erwägung, dass Cinna ja in der Unterredung mit Augustus und Maximus (II, 1) nicht seine wirklichen Gedanken äussert, sondern sich verstellt. Und wir halten es für einen besonders feinen Zug des Dichters, dass er hier den grosssprecherischen Gegenspieler des Helden sich durch seine eigenen Worte, die ja ganz im Sinne der monarchischen Tendenz des Stückes gehalten sind, verurteilen lässt.

Die politische Freiheit ist nach Cinna für Rom »un bien imaginaire« und stiftet mehr Schaden als Nutzen. Sie dient seit langem nur dazu, zu blenden, zu verführen [1]). Was die moderne Staatswissenschaft über den Zusammenhang von räumlicher Ausdehnung und Staatsform sagt [2]), das bringt hier schon Corneille in den Worten des Cinna zum Ausdruck, wenn er sagt, dass Rom viel zu gross für die politische Freiheit sei. Wenn die Freiheit regiert, ist nur immer einer auf den anderen neidisch; die Grossen kaufen, um sich in ihrer Stellung zu befestigen, Stimmen, nehmen

---

[1]) Et cette liberté, qui lui semble si chère
  N'est pour Rome, Seigneur, qu'un bien imaginaire,
  Plus nuisible qu'utile . . .   (Cinna, 500 ff.)
  Ce nom depuis longtemps ne sert qu'à l'éblouir,
  Et sa propre grandeur l'empêche d'enjouir.   (Cinna, v. 571 f.)

[2]) Roscher sagt in seiner »Politik«: »Je grösser der Flächenraum, über welchen sich das Leben eines Staates verbreiten soll, desto kräftiger muss offenbar das zusammenhaltende Band sein« (S. 37) und: »Wie für grosse Staaten die Monarchie notwendig ist, so bedarf auch sie umgekehrt eines bedeutenden Staatsgebietes« (S. 38).

prahlend ihre Herren in Dienst, die sich durch goldene Ketten fesseln lassen und zu herrschen glauben, wo sie doch selbst die Beherrschten sind. Kabalen und Ränke sind an der Tagesordnung, man bildet Sonderbünde und so dient schliesslich die Freiheit nur dazu, die Schrecken eines Bürgerkrieges heraufzuführen [1]). Charakteristisch ist, wie das allgemeine Prinzip des Klassizismus, das Boileau für die Dichtkunst in seinem Aimez donc la raison« formuliert hat, auch hier in politischen Erörterungen benutzt wird, um die Herrschaft des Volkes zu verwerfen.

Die Freiheit führt zur Herrschaft des Volkes, das niemals »die Stimme der Vernunft um Rat fragt, das die Autorität dem grössten Aufrührer überlässt, die Ehren dem Ehrgeizigsten erteilt. Jene kleinen Souveräne, die nur ein Jahr herrschen, haben keinen Sinn für das Wohl aller, sie suchen nur möglichst viel für sich selbst in der kurzen Zeit einzuheimsen« [2]). So erscheint als die schlimmste Form des Staates die Volksherrschaft:

»Le pire des États, c'est l'État populaire.« (Cinna v. 521.)

Auch im Agésilas ist von einem »État populaire« die Rede. Hier steht zwar ein König an der Spitze, es ist aber ein König

---

[1]) Ce nom depuis longtemps ne sert qu'à l'éblouir,
Et sa propre grandeur l'empêche d'en jouir.
Depuis qu'elle se voit la maîtresse du monde,
Depuis que la richesse entre ses murs abonde,
Et que son sein, fécond en glorieux exploits,
Produit des citoyens plus puissants que des rois,
Les grands, pour s'affermir achetant des suffrages,
Tiennent pompeusement leurs maîtres à leurs gages,
Qui par des fers dorés se laissent enchaîner,
Reçoivent d'eux les lois qu'ils pensent leur donner.
Envieux l'un de l'autre, ils mènent tout par brigues
Que leur ambition tourne en sanglantes ligues.
. . . .
Ainsi la liberté ne peut plus être utile
Qu'à former les fureurs d'une guerre civile.   (Cinna, v. 571 ff.)

[2]) Mais quand le peuple est maître, on n'agit qu'en tumulte:
La voix de la raison jamais ne se consulte ;
Les honneurs sont vendus aux plus ambitieux,
L'autorité livrée aux plus séditieux.
Ces petits souverains qu'il fait pour une année,
Voyant d'un temps si court leur puissance bornée,
Des plus heureux desseins font avorter le fruit,
De peur de le laisser à celui qui les suit ;

mit stark beschränkter Macht, denn »unter dem grossen Namen der Freiheit kann man hier alles sagen und thun« [1]). Die Hemmungen, die aber dem König daraus erwachsen und ihn von einem kräftigen, entschlossenen Handeln immer wieder abhalten, lassen kaum vermuten, dass wir hier das Fürstenideal und die von Corneille für die beste gehaltene Staatsform vor uns haben.

Da die durch die Freiheit bedingte Herrschaft aller nicht das Ideal des Staates sein kann, so wird als die beste Staatsform diejenige erklärt, deren Prinzip die Einheit ist [2]), d. h. die Monarchie. Klar ist das ausgesprochen im »Cinna«, wo es heisst:

»Seigneur, pour sauver Rome, il faut qu'elle s'unisse
En la main d'un bon chef à qui tout obéisse.«
(Cinna, v. 589 f.)

im »Pertharite« mit den Worten:

»Ce mauvais politique avoit dû reconnaître
Que le plus grand État ne peut souffrir qu'un maître,
Que les rois n'ont qu'un trône et qu'une majesté.« (v. 51 ff.)

und im »Pompée«:

»Car ce n'est régner pas qu'être deux à régner;
Un roi qui s'y resout est mauvais politique:
Il détruit son pouvoir quand il le communique.« (v. 232 ff.)

III. Die absolute Monarchie.

In der Aufeinanderfolge der Staatsformen macht bei den Kulturvölkern des Abendlandes in der Regel das sogenannte patriarchalisch-volkfreie Urkönigtum den Anfang, wird von einer ritterlich-priesterlichen Aristokratie abgelöst, die wiederum einer Monarchie Platz macht. Diese Monarchie, »welche bei so vielen wichtigen

---

Comme ils ont peu de part au bien dont ils ordonnent,
Dans le champ du public largement ils moissonnent,
Assurés que chacun leur pardonne aisément,
Espérant à son tour un pareil traitement. (Cinna, v. 509 ff.)

[1]) On peut y tout dire et tout faire
Sous ce grand nom de liberté. (Agésilas, v. 1138 f.)

[2]) s. Roscher, a. a. O. S. 27.

Völkern der neueren Zeit die geistlich-weltliche Aristokratie des späteren Mittelalters beseitigt hat, bezeichnen wir mit dem Namen der absoluten Monarchie im engeren Sinn« ¹). In Frankreich ist diese Monarchie, die, wie wir in der Einleitung sahen, sich seit den Tagen der Renaissance in hartem Kampf mit den centrifugalen Gewalten entwickelt hat, in der Form des »höfischen Absolutismus« während der Lebenszeit Corneille's zu voller Ausbildung gelangt. Es wird jetzt unsere Aufgabe sein, zu untersuchen, ob und wie diese Art der Monarchie in den Werken dieses Dichters zum Ausdruck kommt.

A. Der Monarch (König).

I. Der König als Stellvertreter der göttlichen Macht.

Es ist eine überall zu findende Anschauung des Absolutismus, dass der König der Stellvertreter der göttlichen Macht ist. Ludwig XIV. selbst hat es zu verschiedenen Malen in seinen »Mémoires« ausgesprochen. In dem »Memoire historique« vom Jahre 1667 sagt er: »Celui qui a donné des rois aux hommes, a voulu qu'on les respectât comme ses lieutenants, se réservant à lui seul le droit d'examiner leur conduite« ²). An einer anderen Stelle in demselben Mémoire erscheinen die Könige in bestimmten (und den allerwichtigsten) Funktionen die Stellvertreter Gottes: »Il en est sans doute de certaines, où tenant, pour ainsi, la place de Dieu, nous semblons être participans de sa connoissance aussi bien que de son autorité« ³).

Diese Stellvertretung Gottes lässt nicht nur einen Teil seiner Macht, sondern auch von seinem Wesen etwas auf den irdischen König übergehen. »En la plupart des choses bonnes il est des rois comme de Dieu, auquel le vouloir est le faire« sagt Richelieu¹),

---

¹) s. Roscher, a. a. O. S. 12 und S. 193.
²) Oeuvres de Louis XIV., Paris 1806, Bd. II, S. 336.
³) Oeuvres de Louis XIV., Bd. II, S. 283.
⁴) Collection des Mémoires relatifs à l'histoire de France par M. Petitot, Bd. XI, S. 217.

und Ludwig XIV. spricht von den Königen als den »vivantes images de celui qui est tout saint, aussi bien que tout puissant« [1]). Im Sinne Ludwig's und Richelieu's erscheinen nun auch bei Corneille die Könige.

Im »Horace« lässt der Dichter Camilla sagen, dass die Stimme des Volkes nicht immer die Stimme der Götter sei, vielmehr erleuchteten sie die Seelen der Könige, ihrer lebenden Ebenbilder, deren unabhängige und heilige Autorität ein geheimer Strahl ihrer Gottheit sei [2]). Ebendort heisst es, dass der »Himmel in die Hände der Könige seine Gerechtigkeit und die Macht der Gesetze legt« [3]).

In der »Andromède« spricht König Cepheus, dass die Götter seinesgleichen an ihrer geheiligten Macht teilnehmen lassen. [4])

Ödipus weist dem Himmel die Macht zu, dem Volke die Könige zu wählen [5]), und auch im Othon [6]) und Héraclius [7]) ist die Rede von einer Wahl des Souveräns durch den Himmel.

Auch in Gedichten Corneille's wird des öfteren die Gottähnlichkeit der Könige betont. Als Ebenbilder der Gottheit er-

---

[1]) Oeuvres de Louis XIV., Bd. II, S. 337.

[2]) Disons plutôt, ma sœur, qu'en vain on les consulte.
Ces mêmes Dieux à Tulle ont inspiré ce choix;
Et la voix du public n'est pas toujours leur voix;
Ils descendent bien moins dans de si bas étages
Que dans l'âme des rois, leurs vivantes images,
De qui l'indépendante et sainte autorité
Est un rayon secret de leur divinité. (Horace, v. 840 ff.)

[3]) Sire, puisque le ciel entre les mains des rois
Dépose sa justice et la force des lois . . . . (Horace, v. 1469 ff.)

[4]) . . . les Dieux, qui, tous rois que nous sommes,
Punissent nos forfaits ainsi que ceux des hommes,
Et qui ne nous font part de leur sacré pouvoir
Que pour le mesurer aux règles du devoir. (Andromède, v. 296 ff.)

[5]) Mais ce n'est pas au peuple à se fair justice:
L'ordre que tient le ciel à lui choisir des rois
Ne lui permet jamais d'examiner son choix. (Oedipe, v. 1634 ff.)

[6]) . . .
Ses crimes seuls l'ont fait, et le ciel l'a soufferte,
Pour marque aux souverains qu'ils doivent par l'effet
Répondre dignement au grand choix qu'il en fait. (Othon, v. 866 ff.)

[7]) .
Et celui dont le ciel pour un sceptre fait choix,
Jusqu'à ce qu'il le porte, en ignore le poids. (Héraclius, v. 3 ff.)

scheinen sie auch hier[1])[2]), oder als ein Geschenk der Götter[3]), oder unter der Bezeichnung des Halbgottes[4]). Doch ist Corneille mit dieser Bezeichnung, im Gegensatz zu Ronsard und Malherbe, recht sparsam.

Aus dieser Stellung der Könige als Vertreter der göttlichen Macht leiten sich nun einige ihrer Rechte und Pflichten ab, die wir schon hier erwähnen wollen. Als lebende Ebenbilder der Götter besitzen die Könige, wie wir schon oben sahen, eine unabhängige und heilige Autorität. Da der Himmel die Könige wählt, so hat das Volk auch niemals das Recht, diese Wahl zu prüfen[5]). Dieser Wahl müssen sich nun aber auch die Könige würdig zeigen; des zum Zeichen hat der Himmel den Fall Nero's, den dieser selbst durch seine Verbrechen herbeiführte, geschehen lassen[6]). Überhaupt bestrafen die Götter die Übelthaten der Könige ebenso gut wie die der Menschen; den Anteil an ihrer Macht haben sie nur den Königen verliehen, damit diese der Pflicht unterthan seien[7]).

Wie der Himmel selbst die Tugend belohnt, die Verbrechen aber bestraft, so sollen auch die Könige diese Gerechtigkeit üben. Das fordert der Staat von seinen legitimen Fürsten, in denen er eben vom Himmel erwählte sieht[8]).

Das ganze Wesen der Könige wird durch den Strahl der Gottheit, der auf sie fällt, ein anderes als das der gewöhnlichen Sterblichen. Der wahre König, als Verwalter eines heiligen Amtes, bleibt, während alles andere dem Wechsel unterworfen ist, immer

---

[1]) Les rois savent agir tout autrement que nous:
Souvent sans être en vue ils frappent les grands coups.
Dieu lui-même, ce dont ils sont les images,
De son trône en repos fait partir les orages.
(Vers présentés au roi sur sa campagne de 1676, Bd. X.
Poésies diverses. No. 85, v. 19 ff.)

[2]) Grand roi, du Roi des rois la plus parfaite image.
(Remerciment présenté au roi, ebd. No. 65, v. 10.)

[3]) Je ne veux qu'admirer en toi le don de Dieu. (ebd. No. 80, v. 24.)

[4]) Quelle gloire pour toi d'être choisi des cieux
Pour digne successeur de tous nos demi-dieux! (ebd. No. 92, v. 52.)

[5]) s. S. 58[5]). [6]) s. S. 58[6]). [7]) s. S. 58[4]).

[8]) Sire, puisque le ciel entre les mains des rois
Dépose sa justice et la force des lois
Et que l'État demande aux princes légitimes
Des prix pour les vertus, des peines pour les crimes . . .
(Horace, v. 1469 ff.)

derselbe. Wenn ihn auch ein widerwärtiges Geschick zu Boden drückt, er bewahrt immer seinen Charakter[1]); auch der besiegte König[2]) bleibt immer König. Die Tugend, die jedem wahren König eingeboren ist, macht ihn kenntlich, auch wenn er vom Schicksal gebeugt ist[3]). Der Thron hält die Majestät der Könige aufrecht[4]), aber selbst ein entthronter Fürst bewahrt immer seinen königlichen Charakter[5]). Das Leben kann dem Fürsten geraubt werden, nicht aber seine Würde[6]). Der König bleibt auch in seinen Fähigkeiten derselbe, das Alter hat keine Macht über ihn[7]). Sophonisbe will als Königin leben und sterben[8]), und der sterbende Creon ruft seinen Dienern zu:

»Je serai votre roi, tout en mourant que je suis.« (Médée v. 1372.)

2. Sittliche Stellung des Monarchen.

Als Grundlage jeder legitimen Herrschaft erscheint in den Werken Corneille's die Tugend, d. h. edle männliche Gesinnung[9]). Vom ruhmvollen Thron erglänzt Ludwig's XIV. Tugend, sie zeigt

[1]) Un véritable roi qu'opprime un sort contraire,
Tout opprimé qu'il est, garde son caractère;
Ce nom lui reste entier sous les plus dures lois:
Il est dans les fers même égal aux plus grands rois. (Attila, v. 1221 ff.)
[2]) Un roi, quoique vaincu, garde son caractère. (Pertharite, v. 1591.)
[3]) Et le vrai sang des rois, sous le sort abattu,
Peut cacher la naissance et non pas la vertu:
Il porte sur le front un luisant caractère
Qui parle malgré lui de tout ce qu'il veut taire. (Don Sanche, v. 1315 ff.)
[4]) Je voudrois pour tout autre un peu de raillerie:
Un vieillard amoureux mérite qu'on en rie:
Mais le trône soutient la majesté des rois
Au-dessus du mépris . . . . (Médée, v. 537 ff.)
[5]) Un prince détrôné garde son caractère. (Sophonisbe, v. 850.)
[6]) Je perdrai mes États et garderai mon sang
. . . .
Ma vie est en vos mains, mais non ma dignité. (Nicomède, v. 786 ff.)
[7]) Les rois ne perdent point les forces avec l'âge. (Médée, v. 690).
[8]) Je vis encore en reine, et je mourrai de même. (Sophonisbe, v. 1045.)
[9]) Corneille braucht vertu vorzugsweise im Sinne des lateinischen virtus (s. Marty-Laveaux, Speziallexikon, Bd. XII, S. 422). Das lateinische virtus ist nun eigentlich die Mannheit, d. i. »alles, was den Mann in körperlicher und geistiger Hinsicht ziert und adelt«. (Georges.)

sich in seiner Empfänglichkeit für das Elend des Volkes, das in seinem »grossen Herzen« väterliche Liebe wachruft [1]). Eher soll der ganze Staat zu Grunde gehen, ehe König Orodes im Suréna seine Tugend durch einen Mord beflecken will [2]). Die Tugend und nicht das Alter geben Anrecht auf den Thron [3]). Es handelt sich hier um kein wirkliches Anrecht, sondern um ein moralisches, das aber jeder wahre Herrscher für sich haben muss. So hat Ludwig XIV. in seinen Mémoires vom Jahre 1666, nachdem er die Versicherung gegeben, dass er etwaige Brüder des Dauphin in gleicher Weise wie diesen hätte erziehen lassen, die Pflicht vor Augen gestellt, sich über jene zu erheben und alle Welt sehen zu lassen, dass er in der That durch seine Tugend den Rang verdiene, der nur der früheren Geburt verliehen zu werden scheine [4]).

Der Name des Königs thut es nicht allein: derjenige, der an Geist und Körper der herrlichste, der mutigste, der edelste ist, ist wohl so viel wert wie ein König, der eben nur König ist [5]).

---

[1]) De ce glorieux trône où brille sa vertu,
Il tend sa main auguste à son peuple abattu;
Et comme à tous moments la commune misère
Rappelle en son grand cœur les tendresses de père,
Ce cœur se laisse vaincre aux vœux que j'ai formés.
Pour faire respirer ce que vous opprimez.
(La France im Prolog zu Toison d'or, v. 43 ff.)

[2]) Ne m'en parlez jamais: que tout l'État périsse
Avant que jusque-là ma vertu se térnisse,
Avant que je défère à ces raisons d'État
Qui nommeroient justice un si lâche attentat! (Suréna, v. 741 ff.)

[3]) Quel ordre a pu du trône exclure la jeunesse?
Quel astre à nos beaux jours enchaîne la foiblesse?
Les vertus, et non l'âge, ont droit à ce haut rang.
(Pulchérie, v. 1193 ff.)

[4]) mais le vôtre (soin) doit être de vous élever au-dessus d'eux; et de faire voir à toute la terre que vous méritez en effet, par votre vertu, ce rang qui ne semble être donné qu'à l'ordre de votre naissance (Oeuvres II, 67).

[5]) Ormène:
Cependant est-il roi, Madame?
Eurydice:
Il ne l'est pas;
Mais il sait rétablir les rois dans leurs États.
Des Parthes le mieux fait d'esprit et de visage,
Le plus puissant en biens, le plus grand en courage,
Le plus noble: joins-y l'amour qu'il a pour moi;
Et tout cela vaut bien un roi qui n'est que roi. (Suréna, v. 59 ff.)

Den für die Herrschaft Geborenen liegt auch jede Niederträchtigkeit fern [1], eben durch die Tugend unterscheidet sich der wahre, der legitime Fürst vom Tyrannen und Usurpator. Auch wenn er zu Füssen des Tyrannen liegt, ist er doch grösser als dieser, denn er besitzt mehr Tugend.[2]
Diesen, auf die Tugend begründeten Unterschied hält Corneille streng aufrecht. Er wird auch, wie er sagt, vom Volke deutlich empfunden, das jederzeit den Tyrannen vom rechtmässigen König zu unterscheiden weiss [3]. Wenn auch der König seine königliche Abkunft verbergen kann, die Tugend, das wahre Zeichen königlichen Blutes, vermag er nicht ungesehen zu machen: als glänzendes Merkmal trägt er sie an der Stirn [4].
Während für den wahren König die Tugend der höchste Leitstern ist, hat der Tyrann nur eigne Willkür zum Gesetz. Oft rechnet er das seltenste Verdienst als Verbrechen an und tritt die Tugend mit den Füssen [5]. Ehebruch und Raub gehören zum Rechte des Tyrannen [6]. Seine verdammenswerten Regierungsgrundsätze erlauben ihm, Verbrechen zu begehen, von denen den

---

[1] Toute fourbe est honteuse aux cœurs nés pour l'empire.
(Héraclius, v. 1808.)

[2] Honorie (zu Attila):
Tu n'as pour tout pouvoir que des droits usurpés
Sur des peuples surpris et des princes trompés;
Tu n'as d'autorité que ce qu'en font les crimes;
Mais il n'aura de moi que des droits légitimes;
Et fût-il sous ta rage à tes pieds abattu,
Il est plus grand que toi, s'il a plus de vertu. (Attila, v. 1015 ff.)

[3] Mon peuple aura des yeux pour connoître son roi,
Et mettre différence entre un tyran et moi. (Pertharite, v. 1365 f.)

[4] Et le vrai sang des rois, sous le sort abattu,
Peut cacher sa naissance et non pas sa vertu:
Il porte sur le front un luisant caractère
Qui parle malgré lui de tout ce qu'il veut taire.
(Don Sanche, v. 1315 ff.)

[5] Le monarque, ou plutôt le tyran général,
N'y suit pour loi que son caprice,
N'y veut point d'autre règle et point d'autre justice,
Et souvent même impute à crime capital
Le plus rare mérite et le plus grand service;
Il abat à ses pieds les plus hautes vertus,
S'immole insolemment les plus illustres vies. (Agésilas, v. 415 ff.)

[6] L'adultère et le rapt sont du droit des tyrans. (Pertharite, v. 281.)

wahren Herrscher schon das eigene Gewissen abhalten wird [1], und so verzichtet der Tyrann auf seine Achtung und auf den Namen des Gerechten, des Grossmütigen [2]. Mit der Tugend in engster Beziehung steht das Verdienst, das häufig aus jener entspringt. Verdienst verleiht Sicherheit. Ludwig XIV. und Corneille sind darin einer Meinung. Ersterer sagt in seinem Mémoire historique vom Jahre 1666: »L'élévation du rang n'est jamais plus solide ni plus assurée, que quand elle est soutenue par la singularité du mérite« (Oeuvres de Louis XIV., Bd. II, S. 67), und der letztere sagt an einer Stelle seines »Sertorius«, dass das Verdienst auf eine Höhe hebt, wo Sicherheit vor dem glühendsten Hasse herrscht [3]. Es wäre gerecht, wenn es allein zum Thron befähigte, sagt Lysander im »Agésilas« [4]. Dass Corneille nicht so demokratisch ist, eine solche Fähigkeit dem Verdienst allein zuzuschreiben, ergiebt sich aus dem ganzen Verlauf des Stückes, dessen Held ja auch nicht Lysander, sondern Agesilaus ist. Immerhin aber erscheint das Verdienst in hoher Schätzung in den Werken Corneille's.

»On voit ce que je vaux, voyant ce que je puis« sagt Martian im »Othon«, und an derselben Stelle wird ausgeführt, wie nicht die Geburt, wohl aber das Verdienst in unserer Macht ist [5]. Der Mann, der sich hohes Verdienst erworben, hat für den, der die

---

[1] Porte, porte aux tyrans tes damnables maximes:
Je hais l'art de régner qui se permet des crimes.
De quel front donnerois-je un exemple aujourd'hui
Que mes lois dès demain puniroient en autrui?
Le pouvoir absolu n'a rien de redoutable
Dont à sa conscience un roi ne soit comptable. (Pertharite, v. 563 ff.)

[2] Eh bien! deviens tyran: renonce à ton estime
Renonce au nom de juste, au nom de magnanime. (Pertharite, v. 731 f.)

[3] Comme le vrai mérite a ses prérogatives,
Qui prennent le dessus des haines les plus vives.
. . . . (Sertorius, v. 761 f.)

[4] Nous avons trop longtemps asservi sa couronne
A la vaine splendeur du sang;
Il est juste à son tour que la vertu la donne,
Et que le seul mérite ait droit à ce haut rang. (Agésilas, v. 700 ff.)

[5] Un pur hasard sans nous règle notre naissance;
La honte d'un destin qu'on vit mal assorti
Fait d'autant plus d'honneur, quand on en est sorti. (Othon, v. 497 ff.)

Tugend liebt, immer »des charmes éclatants«; wer alles vermag, ist zu jeder Zeit liebenswert [1]).

Tugend und Verdienst sind die allgemeinsten Forderungen, die Corneille beim Herrscher erfüllt sehen will. Im einzelnen nun setzt sich sein Herrscherideal aus einer Reihe von Eigenschaften zusammen, die je nach ihrer Bedeutsamkeit für das Staatsleben geringere oder höhere Wertschätzung erfahren. Es ist charakteristisch für Corneille, in dessen dichterischer Beanlagung der Verstand bei weitem stärker war als Phantasie und Gefühl, dass er immer und immer wieder als Herrschertugend die Selbstbeherrschung fordert. Die Vernunft gebietet, dass der Herrscher nur für das Blühen und Gedeihen seines Staates wirksam ist. Deshalb muss er im Interesse des Staates alle persönlichen Leidenschaften und Wünsche unterdrücken. Diese Forderung erscheint ja ganz selbstverständlich, und sie findet sich auch bei jedem politischen Schriftsteller, dem es ernst ist mit seiner Liebe zum Vaterland. Auch Ludwig XIV. und Richelieu haben sie als berechtigt anerkannt. Besonders König Ludwig hat sie des öfteren in seinen Memoiren dem Dauphin ermahnend zugerufen (s. Oeuvres, Bd. II, S. 80, S. 81, S. 457). Es verdient aber als eine Besonderheit hervorgehoben zu werden, dass ein *Dichter* diese für den Politiker ganz selbstverständliche Forderung zum obersten ethischen Prinzip der von ihm geschilderten Personen macht, und zwar so, dass von vornherein jede Leidenschaft diesem gegenüber einen aussichtslosen Kampf kämpft. Wir sehen hier wieder, wie eng bei Corneille politische Auffassung und künstlerische Gestaltung zusammenhängen. Das Überwiegen politischer, verstandesmässiger Prinzipien hat unseren Dichter in dem künstlerischen Urteil späterer Geschlechter unter Racine, der die Leidenschaften in ganz anderem Masse schildert und Einfluss auf die Handlung gewinnen lässt, gestellt und hat Schiller zu dem harten Urteil geführt: »Die Könige, Prinzessinnen und Helden eines Corneille und Voltaire vergessen ihren Rang auch im heftigsten Leiden nie, und ziehen weit eher ihre Menschheit als ihre Würde aus. Sie gleichen den Königen und Kaisern in den alten Bilderbüchern, die sich mitsamt der Krone zu Bette legen.« (Über das Pathetische. Cotta'sche Ausg. Bd. XI, S. 295.)

---

[1]) Et quiconque peut tout est aimable en tout temps. (Sertorius, v. 412.)

Eine Reihe von Stellen aus den Werken Corneille's wird uns den Beweis erbringen, dass er für seine Herrscher unbedingte Unterordnung aller Leidenschaften und Regungen des Herzens — auch der edelsten — unter das Staatsinteresse verlangt. König Orodes im »Suréna« spricht aus, dass nur die Politik ihn und seines Gleichen bewegt [1]. Das Interesse des Staates ist das höchste für den Herrscher; ihm ordnen sich alle anderen unter; nur im Sinne diesen höchsten Interesses zu wirken, ist die vornehmste Pflicht des Fürsten und der Fürstin. Nach dem Herzen haben sie nichts zu fragen, wenn sie nur ihre Pflicht kennen [2]. Der wahrhafte König ist weder Gatte noch Vater; der Thron allein ist seine Sorge [3]. Dem öffentlichen Wohl die Interessen des Blutes zu opfern, ist edelste Gesinnung [4]. Das Szepter gilt mehr als die Anrechte des Blutes, die Natur weicht dem Glanze des hohen Ranges [5]. Ein Handeln im Interesse des Staates rechtfertigt jede That des Königs [6].

Der Tod für das Vaterland, für das Wohl aller wird von Fürsten und Fürstinnen vielfach gepriesen [7][8][9]. Auch der Tod für die Gesetze ist schön [10]. Nach einem mit Freveln erfüllten Leben haben die Götter dem Ödipus wenigstens einen ehren-

---

[1] La seule politique est ce qui nous émeut. (Suréna, v. 1035.)

[2] . . . dans ce haut rang . .
Qu'il n'importe du cœur quand on sait son devoir.
(Tite et Bérénice, v. 609 f.)

[3] Un véritable roi n'est ni mari ni père;
Il regarde son trône, et rien de plus. (Nicomède, v. 1320 f.)

[4] C'est générosité quand pour venger un père
Notre devoir attaque une tête si chère;
Mais c'en est une encor d'un plus illustre rang
Quand on donne au public les intérêts du sang.
(Die Infantin im Cid, v. 1197 ff.)

[5] Mais un sceptre vaut mieux que les titres du sang,
Et la nature cède à la splendeur du rang. (Pertharite, v. 157 f.)

[6] Pour le bien de l'État tout est juste en un roi. (Pompée, v. 603.)

[7] Si le salut public peut naître de ma perte! (Andromède, v. 695.)

[8] Vivez pour le public, comme je meurs pour lui. (Oedipe, v. 730.)

[9] Dites, dites plutôt, qu'aujourd'hui, grandes reines,
Je m'impose à vos yeux la plus dure des gênes,
Et fais dessus moi-même un illustre attentat
Pour me sacrifier au repos de l'État. (Don Sanche, v. 93 ff.)

[10] Il est beau de mourir pour en suivre les lois. (Oedipe, v. 806.)

vollen Tod gewährt, da er für das Wohl aller sterben durfte [1]). Wie das Staatsinteresse zu Zeiten einen solchen Tod fordert, so verlangt es in anderen wieder die Erhaltung des fürstlichen Lebens [2]). Die Selbstbeherrschung zeigt sich auch in der Unterdrückung der Gefühle des Schmerzes: eine stumme Trauer ist Fürsten am würdigsten. Nicht Seufzer und Klagen soll man von einer Königin Rodelinde erwarten. Der Verlust ihres Gatten ist für sie ein viel zu grosser Schmerz als dass sie weinen könnte [3]). Fast mit denselben Worten kommt dieser Gedanke auch im »Sertorius« zum Ausdruck [4]).

Ein grosser Geist, wie er dem Herrscher eigen sein soll, weiss stets die Herrschaft über sich selbst zu bewahren [5]), in jedem Augenblick sich selbst zu besitzen [6]). Über alle Wechselfälle des Lebens soll die Seele einer Königin erhaben sein [7]). Was Herz und Augen raten, soll eine Königin weit von sich weisen, sich nicht selbst trauen. Die hohe Stellung, die sie einnimmt, zwingt ihre Wünsche gebieterisch ins Joch [8]). So stark auch der Ehrgeiz

---

[1]) Mais si les Dieux m'ont fait la vie abominable,
Ils m'en font par pitié la sortie honorable
Puisque enfin leur faveur mêlée à leur courroux
Me condamne à mourir pour le salut de tous.   (Oedipe, v. 1833 ff.)

[2]) L'esclavage aux grands cœurs n'est point à redouter
Alors qu'on sait mourir, on sait tout éviter;
Mais comme enfin la vie est bonne à quelque chose,
Ma patrie elle-même à ce trépas s'oppose.   (Sophonisbe, v. 721 ff.)

[3]) N'attendez point de moi des soupirs ni des pleurs:
Ce sont amusements de légères douleurs etc.   (Pertharite, v. 1409 f.)

[4]) N'attendez point de moi de soupirs ni de larmes;
Ce sont amusements que dédaigne aisément
Le prompt et noble orgueil d'un vif ressentiment;
Qui pleure l'affoiblit, qui soupire l'exhale.
Il faut plus de fierté dans une âme royale.   (Sertorius, v. 1682 ff.)

[5]) Seigneur, un grand courage, à quelque point qu'il aime,
Sait toujours au besoin se posséder soi-même.   (Othon, v. 189 f.)

[6]) Et l'on sait qu'un grand cœur se possède en tout temps.
(Pertharite, v. 950.)

[7]) Raffermis-toi, mon âme, et prends des sentiments
A te mettre au-dessus de tous événements.   (Sophonisbe, v. 1563 f.)

[8]) Madame, je suis reine, et dois régner sur moi.
Le rang que nous tenons, jaloux de notre gloire,
Souvent dans un tel choix nous défend de nous croire,
Jette sur nos desirs un joug impérieux
Et dédaigne l'avis et du cœur et des yeux.   (Don Sanche, v 120 ff.)

der Kleopatra sein mag, sie hat ihn doch in ihrer Gewalt, er kann sie wohl blenden, aber nicht blind machen[1]). Der Kampf, den die Grossen der Welt zu kämpfen haben, um ihrer Gefühle und Leidenschaften Herr zu werden, ist zwar schwer[2]), aber wenn nur der Wille vorhanden ist, kann man in kurzer Zeit Sieger sein[3]). Nicht immer wird die Selbstaufopferung freudig gethan; alles für andere, nichts für sich selbst sein zu sollen, erzeugt auch den Wunsch, ein fühlloses Herz zu haben[4]). Wie schön ist es aber auch, wenn der über alle Herrschende zuletzt den schönsten Sieg über sich selbst erringt[5]), die höchste königliche Tugend bewährend[6]). Wenn Corneille Ludwig XIV. besingt, weil er Frieden geschlossen, so thut er es, weil er in diesem Friedensschluss eine grosse Selbstüberwindung des Monarchen, einen letzten und

---

[1]) J'ai de l'ambition, mais je la sais régler:
Elle peut m'éblouir, et non pas m'aveugler. (Pompée, v. 623 f.)

[2]) Elle est fille, et de plus, dit-il, elle est princesse :
Je sais les droits d'un père, et connois ceux d'un roi;
Je sais de ses devoirs l'indispensable loi;
Je sais quel rude joug, dès sa plus tendre enfance,
Imposent à ses vœux son rang et sa naissance. (Suréna, v. 186 ff.)

[3]) Le devoir vient à bout de l'amour le plus ferme:
Les grands cœurs ont vers lui des rétours éclatants;
Et quand on veut se vaincre, il y faut peu de temps. (Suréna, v. 1418 ff.)

[4]) Vois par là ce que c'est, Blanche, que d'être reine:
Comptable de moi-même au nom de souveraine,
Et sujette à jamais du trône où je me voi,
Je puis tout pour tout autre et ne puis rien pour moi.
O sceptres! s'il est vrai que tout vous soit possible,
Pourquoi ne pouvez-vous rendre un cœur insensible ?
(Don Sanche, v. 373 ff.)

[5]) Mais enfin il est beau de triompher de soi,
Et de s'accorder ce miracle,
Quand on peut hautement donner à tous la loi,
Et que le juste soin de combler notre gloire
Demande notre cœur pour dernière victoire.
Un roi né pour l'éclat des grandes actions
Dompte jusqu'à ses passions,
Et ne se croit point roi, s'il ne fait sur lui-même
Le plus illustre essai de son pouvoir suprême. (Agésilas, v. 1982 ff.)

[6]) C'est régner sur vous-même, et par un noble choix,
Pratiquer la vertu la plus digne des rois. (Cinna, v. 1243 f.)

schönsten Triumph sieht, den der Sieger über sich selbst davonträgt[1].

Unbeirrt müssen die Fürsten die Pflichten, die ihnen das Staatsinteresse auferlegt, erfüllen: das mangelnde Pflichtbewusstsein des Unterthanen kann für sie keine Entschuldigung sein[2]. Der sozusagen übermenschlichen Stellung des Fürsten (s. S. 57 ff.) entspricht bei Corneille die strenge und fast übermenschliche Auffassung von den Pflichten des Fürstenamtes.

Diejenige Leidenschaft nun, die am meisten mit dem Staatsinteresse in Konflikt gerät, ist die Liebe.

Corneille ist ja nirgends ein begeisterter Sänger der Liebe, er hat selbst in seinen lyrischen Jugendwerken die denkbar nüchternste Auffassung von diesem Gefühl. Wenn er ein schönes Gesicht sieht, so fängt er wohl plötzlich Feuer; lange der Schönen zu huldigen, ist aber nicht seine Gewohnheit[3]. Ein anderes Mal empfiehlt er, die Liebe zum Teufel zu jagen[4]. Eine wohl temperierte Liebe, so meint er dann, sei »plus traitable« als glühende Leidenschaft[5]. Seine Treue in der Liebe charakterisiert er durch das Geständnis, dass er »unbeständiger wie der Mond« sei (Bd. X, No. 14, v. 19). Schon 1632 thut er seine jugendlichen Liebeserlebnisse mit dem verständigen Wort ab:

»J'ai fait autrefois de la bête
J'avois des Philis à la tête.«

---

[1] La paix, ce grand chef-d'œuvre, où sa bonté suprême
Pour triomphe dernier triompha de lui-même.
(Poésies Diverses, Bd. X, No. 92, v. 33 f.)

[2] Leur devoir violé doit-il rompre le mien?
Les exemples abjects de ces petits âmes
Règlent-ils de leurs rois les glorieux trames?
Et quel fruit un grand cœur pourroit-il recueillir
A recevoir du peuple un exemple à faillir? (Oedipe, v. 686 ff.)

[3] Quand je vois un beau visage
Soudain je me fais de feu;
Mais longtemps lui faire hommage,
Ce n'est pas bien mon usage;
Mais longtemps lui faire hommage,
Ce n'est pas bien là mon jeu. (Poésies Diverses, Bd. X, No. XIV, v. 6 ff.)

[4] envoyer au diable l'amour. (Poésies Diverses, Bd. X, No. I, v. 26, s. auch No. I, v. 5 f.)

[5] Un amour médiocre est souvent plus traitable.
(Poésies Diverses, Bd. X, No. 52, v. 53.)

Ob man ihn davonjagt oder küsst, das ist ihm ganz gleichgültig. Wer sich daraus etwas macht, ist unmodern oder gilt für einen Deutschen[1]).

Wir brauchen uns darum nicht zu wundern, wenn bei Corneille die Liebe den grossen Interessen des Staatslebens gegenüber als völlig nichtig oder gar verderblich erscheint. Nach der dramatischen Kunstlehre unseres Dichters besass ja das Motiv der Liebe, wie wir oben (S. 41) sahen, auch eine geringere ästhetische Verwendbarkeit als die grossen Interessen des Staates oder die Leidenschaften des Ehrgeizes und der Rache.

Wie die Fürsten und Vornehmen sich weit über das gewöhnliche Volk erheben, und zwar nicht nur äusserlich, sondern auch im Denken und Fühlen, so haben sie auch eine besondere Art der Liebe: die »amour politique«[2]). Sie ist rein verstandesmässig und verleugnet jedes natürliche Gefühl.

Die Liebe erscheint als ein Vorrecht der unteren Klassen des Volkes; wer auf den Thron hinaufsteigt, lässt sie weit unter sich im Staube. Es hiesse die Könige auf eine Stufe mit den »personnes communes« stellen, wollte man bei ihnen »jene lästigen Fesseln« der Liebe suchen[3]). Nur mit Verachtung wird von den »gewöhnlichen Liebhabern« gesprochen[4]), und es gilt als ein Zeichen

---

[1]) Mon usage est si commode,
On le trouve si charmant,
Que qui ne suit ma méthode,
N'est pas bien homme à la mode,
Que qui ne suit ma méthode,
Passe pour un Allemand. (Bd. X, No. 14, v. 31 ff.)

[2]) Vous aimez; mais ce n'est qu'un amour politique. (Attila, v. 322.)
C'est de là qu'est venu cet amour politique
Que prend pour attentat un orgueil tyrannique. (Attila, v. 1457 f.)
Et l'ordre ambitieux d'un hymen politique
N'a rien que ne pardonne un courage héroique. (Sophonisbe, v. 71 f.)

[3]) C'est bien traiter les rois en personnes communes
Qu'attacher à leur rang ces gênes importunes,
Comme si pour vous plaire et les inquiéter
Dans le trône avec eux l'amour pourroit monter. (Suréna, v. 1025 ff.)

[4]) Aussi je ne suis pas de ces amants vulgaires:
J'accomode ma flamme au bien de mes affaires;
Et sous quelque climat que me jette le sort,
Par maximes d'État je me fais cet effort. (Médée, v. 29 ff.)

eines grossen, edlen Sinnes, sich über den Verlust der Geliebten zu trösten[1]). Wie bei der Selbstbeherrschung im allgemeinen, so sind auch hier, wo mit Unterdrückung des natürlichen Gefühls eine besondere Abart der Liebe, neben der die unverfälschte und treue Leidenschaft des Herzens als Raserei erscheint[2], verlangt wird, das Staatsinteresse und die Forderungen des Thrones die alles beherrschenden Mächte. Zwar geht in gar manchem Herzen ein schmerzlicher Kampf voraus[3]), schliesslich bleibt aber immer wieder die Vernunft Sieger. Und auch dieser Kampf darf nur innerlich sein, das Äussere darf davon nichts verraten[1]).

Die parthische Prinzessin Rodogune sagt, dass die Angehörigen ihres Standes nicht zu wählen hätten; die Könige verfügten, ohne sie zu fragen, über sie, um ihren Thron zu festigen oder um Streitigkeiten zu enden; ihre Liebe sei abhängig von der Pflicht[5]).

---

[1]) Mais pour moi, qui n'ai pas une âme si commune,
Je sais l'art de m'en consoler. (Agésilas, v. 764 f.)

[2]) On pourra vous guérir de cette frénésie. (Oedipe, v. 505.)

[3]) Et je sens tout mon cœur balancé nuit et jour
Entre l'orgueil du diadème
Et le doux espoir de l'amour. (Agésilas, v. 1272 ff.)
Que c'est un sort cruel d'aimer par politique!
Et que ses intérêts sont d'étranges malheurs,
S'ils font donner la main quand le cœur est ailleurs!
(Sertorius, v. 370 ff.)
Toi, qui vois tout mon cœur, juge de son martyre:
L'ambition l'entraîne, et l'amour le déchire. (Tite et Bérénice, v. 147 f.)
O beauté, qui te fais adorer en tous lieux,
Cruel poison de l'âme, et doux charme des yeux,
Que devient, quand tu veux, l'autorité suprême,
Si tu prends malgré moi l'empire de moi-même. (Attila, v. 763 ff.)

[4]) Je ne vous défends point une douleur muette,
Pourvu que votre front n'en soit point l'interprète,
Et que de votre cœur vos yeux indépendants
Triomphent comme moi des troubles du dedans. (Othon, v. 353 ff.)

[5]) Prince, je dois beaucoup à cette déférence
De votre ambition et de votre espérance;
Et j'en recevrois l'offre avec quelque plaisir,
Si celles de mon rang avoient droit de choisir.
Comme sans leur avis les rois disposent d'elles
Pour affermir leur trône ou finir leurs querelles,

Im »Nicomède« erklärt König Prusias:
»Mais il faut que chacun suive sa destinée,
L'amour entre les rois ne fait pas l'hyménée,
Et les raisons d'État, plus fortes que ses noeuds,
Trouvent bien les moyens d'en éteindre les feux.«
(Nicomède, v. 731 ff.)

Die Königin Isabella im »Don Sanche« liebt den Karlos — sie verbirgt es nicht — aber doch sagt ihr die Liebe zum Staat, dass sie sich zur Herrschaft nicht den anmutigsten, sondern den würdigsten Helden wählen muss [1]). Sie will sogar, dass den Karlos der Respekt des Unterthanen hindere, sie zu lieben [2]). Karlos weiss auch selbst, dass nicht die Liebe, sondern politische Rücksichten die Wahl der Könige bei der Ehe bestimmen [3]).

Dircé im Oedipe« feuert Theseus an, für sein Vaterland zu leben; nicht durch die Liebe solle er seine Thatkraft lähmen lassen. Wenn die Frauen geschaffen seien, um geliebt zu werden, so dürfe für einen Helden eine solche Leidenschaft nur der Schmuck grosser Thaten sein [1]). Auch Theseus ist davon überzeugt, dass Held und Liebhaber schlecht zu einander passen [5]).

Dem Ruhm soll man nicht die Liebe vorziehen [6]).

Le destin des États est arbitre du leur,
Et l'ordre des traits règle tout dans leur cœur.
J'aimerai l'un de vous, parce qu'il me l'ordonne;
Du secret révélé j'en prendrai le pouvoir,
Et mon amour pour naître, attendra mon devoir. (Rodogune, v. 927 ff.)

[1]) Je ne le cèle point: j'aime, Carlos, oui, j'aime;
Mais l'amour de l'État, plus fort que de moi-même,
Cherche, au lieu de l'objet le plus doux à mes yeux,
Le plus digne héros de régner en ces lieux. (Don Sanche, v. 565 ff.)

[2]) Je veux que son respect l'empêche de m'aimer. (Don Sanche, v. 1063.)

[3]) Car ce n'est point l'amour qui fait l'hymen des rois:
Les raisons de l'État règlent toujours leur choix. (Don Sanche, v. 1431 f.)

[4]) S'il est vertu pour nous, que le ciel n'a formées
Que pour le doux emploi d'aimer et d'être aimées,
Il faut qu'en vos pareils les belles passions
Ne soient que l'ornement des grandes actions.
(Oedipe, v. 65 ff., s. auch v. 78.)

[5]) L'amant et le héros s'accordent mal ensemble. (Oedipe, v. 712.)

[6]) Mais il ne peut trouver qu'on soit digne du jour
Quand aux soins de sa gloire on préfère l'amour. (Oedipe, v. 879 f.)

Es ist nicht ruhmvoll für eine Königin, Liebe oder Hass zu zeigen; sie entweiht die in ihr wohnende höchste Majestät, wenn sie sagt, sie liebe und werde verraten[1]). Wenn Medea nicht Jason's Ruhm liebt, so zweifelt er an ihrer Liebe[2]). Auch im »Sertorius« steht das Glück des Landes über den Leidenschaften des Herzens[3]).

Schon im »Avis au lecteur« zur »Sophonisbe« giebt Corneille als den Grundzug des Werkes das ›attachement aux intérêts de son pays« von Seiten der Königin, also das Staatsinteresse an (Bd. VI, S. 464). Diesem opfert denn auch Sophonisbe: Massinissa, Syphax und ihr eigenes Leben, diesem einen Gedanken ordnen sich alle Leidenschaften, ordnet sich auch die Liebe unter.

Es sind ohne Zweifel die eignen Ansichten des Dichters, die wir aus dem Munde einer seiner Gestalten, der Éryxe, vernehmen; denn im »Avis« (Bd. VI, S. 469) hat er ja von ihr gesagt: »C'est une reine de ma façon.« So lässt er sie sagen:

»L'hymen des rois doit être au-dessus de l'amour;
Et je sais qu'en un prince heureux et magnanime
Mille infidélités ne sauroient faire un crime.«

und: (Sophonisbe, v. 1718 ff.)

»Je sais bien que des rois la fière destinée
Souffre peu que l'amour règle leur hyménée,
Et que leur union souvent, pour leur malheur,
N'est que du sceptre au sceptre, et non du cœur au cœur.«

Klarer wie hier kann doch wohl kaum die alles entscheidende Macht der Politik ausgesprochen werden!

Eine Stelle im »Othon«[4]) schildert den Zwang, den der hohe

---

[1]) Il n'est pas glorieux pour une grande reine
De montrer de l'amour, et de voir de la haine
. . . .
Et que c'est profaner la dignité suprême
Que de lui laisser dire: »On me trahit et j'aime.«
(Toison d'Or, v. 1168 ff.)

[2]) Et vous ne m'aimez pas, si vous n'aimez ma gloire.
(Toison d'Or, v. 1705.)

[3]) Et la Reine à tel point n'asservit pas mon cœur,
Qu'il ne fasse encor tout pour le commun bonheur. (Sertorius, v. 207 f.)

[4]) C'est la gêne où réduit celles de votre sorte
La scrupuleuse loi du respect qu'on leur porte:
Il arrête les vœux, captive les desirs,

Rang einer Fürstin auferlegt, wie sie nirgends ihren Gefühlen Ausdruck geben, immer nur erraten oder erraten lassen darf. Im »Othon« auch wird die Vergänglichkeit und das Schwinden der Liebe gegenüber dem »soif de régner« betont[1]). »Ein grosses Herz muss über die Liebe erhaben sein,« heisst es im »Agésilas«[2]). Ein König darf nur soweit lieben, als es mit dem Interesse seines Thrones vereinbar ist[3]). Und auch hier wird als höchste sittliche Forderung ausgesprochen:

> Réduisons nos souhaits à la cause publique,
> N'aimons plus que par la politique.«
> (Agésilas, v. 1438 f.)

Auch Attila will sich nicht in die Fesseln der Liebe begeben, sondern nur seiner Grösse leben[4]).

In »Tite et Bérénice« will die Berenice nimmermehr zugeben, dass Titus um ihretwillen gegen das Interesse des Staates handele

---

Abaisse les regards, étouffe les soupirs,
Dans le milieu du cœur enchaîne la tendresse;
Et tel est en aimant le sort d'une princesse,
Que quelque amour qu'elle ait et qu'elle ait pu donner
Il faut qu'elle devine et force à deviner,
Quelque peu qu'on lui die, ont craint de lui trop dire:
A peine on se hasarde à jurer qu'on l'admire. (Othon, v. 813 ff.)

[1]) L'amour passe, ou languit, et pour fort qu'il puisse être,
De la soif de régner il n'est pas toujours maître. (Othon, v. 1129 f.)

[2]) Mais un grand cœur doit être au-dessus de l'amour.
Quelqu'en soit le pouvoir, quelqu'en soit l'atteinte,
Deux ou trois soupirs étouffés,
Un moment de murmure, une heure de contrainte,
Un orgueil noble et ferme, et vous en triomphez. (Agésilas, v. 1421 ff.)

[3]) Mais un roi, que son trône à d'autres soins engage,
Doit n'aimer qu'autant qu'il lui plaît
Et que de sa grandeur y consent l'intérêt. (Agésilas, v. 1254 ff.)

[4]) Les femmes qu'on adore usurpent un empire
Que jamais un mari n'ose ou ne peut dédire.
C'est au commun des rois à se plaire en leurs fers,
Non à ceux dont le nom fait trembler l'univers.
Que chacun de leurs yeux aime à se faire esclave;
Moi je ne veux les voir qu'en tyrans que je brave:
Et par quelques attraits qu'ils captivent un cœur,
Le mien en dépit d'eux est tout à ma grandeur. (Attila, v. 121 ff.)

und damit seinen eignen Ruhm als Herrscher verdunkle[1]). Kaiser Titus selbst zeigt sich von dem Gedanken erfüllt, dass auch der absolute Herrscher sich in dieser Beziehung Gesetze auferlegen muss, da er als »dépositaire« für diese absolute Macht der ganzen Welt verantwortlich ist[2]). Weniger tief fasst er seine Aufgabe der Liebe gegenüber auf, wo er einfach das Beispiel seiner Standesgenossen sich zur Richtschnur nimmt und damit handelt, wie es dem Geist des französischen Klassizismus entspricht, d. h. »comme il faut«[3])[4]).

Dieselbe Idee, wie in »Tite et Bérénice« wird in der »Pulchérie« ausgeführt. Hier wie dort ist es die Idee der Entsagung, des Opfers, das die gekrönten Häupter ihrer Pflicht bringen müssen. — Die Liebe der Kaiserin Pulchérie hat die Tugend zur »Seele«, die Vernunft zum »Führer« und den Ruhm zum »Ziel«[5]). Die

---

[1]) De ce qui m'est permis je sais mieux la mesure,
Seigneur; et j'ai pour vous une flamme trop pure
Pour vouloir, en faveur d'un zèle ambitieux,
Mettre au moindre péril des jours si précieux.
Quelque pouvoir sur moi que notre amour obtienne,
J'ai soin de votre gloire; ayez-en de la mienne.
Je ne demande plus que pour de si beaux feux
Votre absolu pouvoir hasarde un: Je le veux.
Cet amour le voudroit; mais, comme je suis reine,
Je sais des souverains la raison souveraine.
(Tite et Bérénice, v. 1599 ff.)

[2]) Domitian:
N'avez-vous pas un absolu pouvoir,
Seigneur?
Tite:
Oui; mais j'en suis comptable à tout le monde:
Comme dépositaire, il faut que j'en réponde.
Un monarque a souvent des lois à s'imposer:
Et qui veut pouvoir tout ne doit pas tout oser.
(Tite et Bérénice, v. 1338 ff.)

[3]) J'écoute la raison, j'en goûte les conseils,
Et j'aime comme il faut qu'aiment tous mes pareils.
(Tite et Bérénice, v. 497 f.)

[4]) s. H. v. Stein, »Die Entstehung der neueren Ästhetik«, S. 62.

[5]) Ma passion pour vous, généreux et solide,
A la vertu pour âme, et la raison pour guide,
La gloire pour objet, et veut sous votre loi
Mettre en ce jour illustre et l'univers et moi.   (Pulchérie, v. 9 ff.)

Würde des Thrones macht es ihr zum Gesetz, nicht denjenigen, den sie am meisten liebt, sondern »le plus illustre« zu heiraten[1]), auch ihr erscheint das Überwinden der Leidenschaft als die höchste Herrschertugend[2]); sie betrachtet die Liebe als einen ihrer Unterthanen[3]). Wenn die Politik und die Interessen des Thrones in Frage kommen, muss eben die Liebe verschwinden[4]).

In dem letzten dramatischen Werke Corneille's zeigt sich dieselbe Geringschätzung der Liebe. Aus dem königlichen Mund des Orodes vernehmen wir, dass die Begleiterscheinungen dieses Gefühls, wie Sorge, Eifersucht, für Könige eitle Trugbilder sind[5]). Wenn es nötig sei, müsse man immer Herr seiner Liebe sein[6]). In der Liebe eines Helden dürfe es nichts von Zärtlichkeit geben, ein wenig Härte stehe grossen Seelen wohl an[7]).

Nach alle dem kann die Liebe der Könige und Grossen, da ihr jeder ernste Character, jedes Recht auf Mitwirkung in den grossen Fragen des Lebens abgesprochen wird, nichts weiter als ein Vergnügen sein. Und so erscheint sie auch in der Auffassung

---

[1]) .... ma gloire inexorable
Me doit au plus illustre, et non au plus aimable;
Et plus ce rang m'élève, et plus sa dignité
M'en fait avec hauteur une nécessité. (Pulchérie, v. 953 ff.)
[2]) Il faut être empereur,
Et le sceptre à la main, justifier mon cœur;
Montrer à l'univers, dans le héros que j'aime,
Tout ce qui rend un front digne du diadème;
Vous mettre, à mon exemple, au-dessus de l'amour,
Et par mon ordre enfin régner à votre tour. (Pulchérie, v. 1691 ff.)
[3]) Je suis impératrice, et j'étois Pulchérie.
De ce trône, ennemi de mes plus doux souhaits,
Je regarde l'amour comme un de mes sujets. (Pulchérie, v. 754 ff.)
[4]) Le trône met une âme au-dessus des tendresses. (Pulchérie, v. 114.)
L'amour n'est point le maître alors qu'on délibère. (ebd., v. 650.)
L'objet le plus charmant doit céder à l'empire. (ebd., v. 1337.)
[5]) Nous ne sommes point fait pour devenir jaloux,
Ni pour être en souci si le cœur est à nous.
Ne vous repaissez plus de ce vaines chimères,
Qui ne font les plaisirs que des âmes vulgaires. (Suréna, v. 1039 ff.)
[6]) A paroître au besoin maîtres de leur amour. (Suréna, v. 1372.)
[7]) La tendresse n'est point de l'amour d'un héros:
Il est honteux pour lui d'écouter des sanglots;
Et parmi la douceur des plus illustres flammes
Un peu de dureté sied bien aux grandes âmes. (Suréna, v. 1675 ff.)

Corneille's. An verschiedenen Stellen wird, zum Teil mit denselben Worten, sentenzartig ausgesprochen, dass die Liebe weiter nichts als ein Vergnügen ist. So im »Cid«:

»Nous n'avons qu'un honneur, il est tant de maîtresses!
L'amour n'est qu'un plaisir, l'honneur est un devoir;« (Cid, v. 1058 f.)

ferner in der »Sophonisbe«:

»Mais quand à cette ardeur un monarque défère,
Il s'en fait un plaisir et non pas une affaire;
Il repousse l'amour comme un lâche attentat,
Dès qu'il veut prévaloir sur la raison d'État;
Et son cœur, au-dessus de ces basses amorces,
Laisse à cette raison toujours toutes ses forces,«
(Sophonisbe, v. 1373 ff.)

und in »Tite et Bérénice«:

»Quand aux feux les plus beaux un monarque défère,
Il s'en fait un plaisir et non pas une affaire,
Il regarde l'amour comme un lâche attentat,
Dès qu'il veut prévaloir sur la raison d'État.
Son grand cœur, au-dessus des plus dignes amorces,
A ses devoirs pressants laisse toutes leurs forces;
Et son plus doux espoir n'ose lui demander
Ce que sa dignité ne lui peut accorder.«
(Tite et Bérénice, v. 1435 ff.)

Der Ernst beginnt erst, wenn es sich um die Ehe handelt, und da hat die Liebe nichts mehr mitzureden, da herrscht allein die Vernunft in der Form der »amour politique«. Deshalb darf auch eine »edel geborene Seele« nicht Liebe und Ehe mit einander verwechseln[1]). Dem Vergnügen »Liebe« steht streng gesondert die Staatseinrichtung der »Ehe« gegenüber. Sie ist nötig zur Fortpflanzung des königlichen Geschlechts[2]). Wenn die

---

[1]) . . . mais une âme bien née
Ne confond pas toujours l'amour et l'hyménée:
L'amour entre deux cœurs ne veut que les unir;
L'hyménée a de plus leur gloire à soutenir. (Pulchérie, v. 77 ff.)

[2]) Il nous faut un hymen, pour nous donner des princes
Qui soient l'appui du sceptre et l'espoir des provinces:
C'est là qu'est notre force; et dans nos grands destins,
Le manque de vengeurs enhardit les mutins.
Du reste en ces grands nœuds de l'État qui s'intéresse
Ferme l'œil aux attraits et l'âme à la tendresse. (Suréna, v. 1029 ff.)

Staatsraison nicht zulässt, dass zwei Liebende sich auch in der Ehe verbinden, so soll an Stelle des »commerce des sens« eine rein geistige Liebe treten[1]). Auch im »Don Sanche« wird von einer »Vereinigung der Geister« gesprochen[2]).

Neben den zahlreichen Stellen, in denen ausgesprochen wird, dass die Liebe fürstlicher Personen sich dem Staatsinteresse unterordnen muss, können die wenigen, in denen das Gegenteil ausgedrückt zu werden scheint, kaum etwas bedeuten, zumal selbst diese wenigen sich bei näherer Betrachtung als recht ungeeignet erweisen, die Ansichten Corneille's zum Ausdruck zu bringen. Eine Stelle in der »Médée«[3]), wo ein König von Athen seiner Liebe den Thron opfern will, fällt schon weg, da sie sich nicht in der Ausgabe letzter Hand, sondern nur in den Ausgaben von 1639-1657 findet. Diese Weglassung in den späteren Ausgaben scheint gerade ein Beweis dafür zu sein, dass eine Gesinnung, der die Majestät des Thrones ein »odieux éclat« ist, Corneille recht wenig königlich erschien. Wenn im »Pertharite« (v. 559) ausgesprochen wird, dass die höchste Gewalt keinen Zweck hat, wenn man sie nicht zur Befriedigung eigner Leidenschaften gebrauchen darf, so werden die daran geknüpften Ratschläge sogar von dem Usurpator Grimoald als damnables maximes« zurückgewiesen.

Wenn in demselben Werk Grimoald, als Rodelinde ihn mahnt, eine edle That nicht durch das selbstsüchtige Motiv der Liebe herabzusetzen, antwortet, dass die Liebe einer grossen That nichts von ihrem sittlichen Wert nehme, so spricht er hier eben nicht als König. Corneille hat diese Rolle ja auch nicht (im Examen zum Clitandre, Bd. I, S. 271 ff.) zu denen gerechnet, die die Würde eines Fürsten am besten auf der Bühne zur Darstellung brächten, er zählt sie vielmehr zu einer Art von Rollen, in denen der Fürst vorwiegend als Mensch erscheine.

Eine Rolle, die die würdigste Art des Fürsten repräsentiert,

---

[1]) Si l'injuste rigueur de notre destinée
Ne permet plus l'espoir d'un heureux hyménée,
Il est un autre amour dont les vœux innocents
S'élèvent au-dessus du commerce des sens. (Othon, v. 309 ff.)
[2]) L'amour n'est, ce dit-on, qu'une union d'esprits. (Don Sanche, v. 871.)
[3]) s. Marty-Laveaux, Bd. II, S. 373 die Stelle, die beginnt: »Puisque mon mauvais sort à ce point me réduit«.

d. h. eine solche, die den Fürsten als Herrscher und Menschen zugleich darstellt, ist nach Corneille die des Antiochus in der »Rodogune«. Und doch findet sich hier eine Stelle, wo das Aufgeben eines Thrones als ruhmvoll, das der Liebe als feig bezeichnet wird! Dabei handelt es sich aber gar nicht um die Verletzung des Staatsinteresses, denn Antiochus ist ja selbst noch gar nicht König, und er will den Thron ja nur dem Bruder (es ist ungewiss, wer der Erstgeborene ist) überlassen, von dessen Regierung er gewiss keine nachteiligen Folgen für sein Land erwartet.

Ferner sehen wir im »Toison d'Or« fürstliche Personen, die von der Liebe so erfasst sind, dass ihnen die Bande des Blutes und des Vaterlandes nichts mehr gelten[1]) und die von der »amour politique« durchaus nichts wissen wollen[2]). Das »goldene Vliess« ist ein Gelegenheitsstück, zur Feier des Friedens von 1659 und der Vermählung Ludwig's XIV. mit Maria Theresia verfasst. Handlung und Charakteristik sind in dem Stück höchst nebensächlich, es ist ein Ausstattungsstück, in dem eine glanzvolle Szenerie zur Unterhaltung der Hochzeitsgäste entfaltet wird und in dem ausser den Menschen auch Götter und Göttinnen, Tritonen, Sirenen, Personifikationen u. s. w. auftreten. Auch abgesehen davon, dass diese Umstände es rechtfertigen, wenn wir den Gedankeninhalt des Stückes nicht allzu ernst nehmen, ist es verständlich, dass in dem zu einer Hochzeit geschriebenen Werk die Liebe auf Kosten des Vaterlandsgefühls besonders gepriesen wird. Auch mag der Umschwung des Geschmackes, der sich gerade während der Lebensdauer des Dichters vollzog, und der sich in der ungünstigen Aufnahme der späteren Werke bemerklich machte, ihn hier, wie auch in dem widerspruchvollen »Tite et Bérénice« zu einigen Conzessionen veranlasst haben[3]).

---

[1]) Point pour moi de patrie où vous ne serez pas. (Toison d'Or, v. 875.)
Du pays et du sang l'amour rompt les liens. (v. 2110.)
[2]) Et mon amour n'est pas un amour politique
Que le besoin colore, et que la crainte explique.
(Toison d'Or, v. 1068 f.)
[3]) Dass Corneille dem Zeitgeschmack gegenüber, der Stücke verlangte, »où l'amour dominoit sur toutes les autres passions« (Jolly, »Théâtre de Corneille«, Avertissement p. 65) sich nicht absolut widerstandsfähig verhielt, zeigt eine Äusserung im Avis au Lecteur zum Oedipe (1659), wo Rücksicht genommen wird auf die zarte Empfindung der Damen, »qui composent la

Neben der Selbstbeherrschung aus Rücksicht auf das Staatsinteresse oder den hohen Rang wird besonders die Gerechtigkeit [1]) als Herrschertugend gepriesen. Im »Horace« spricht der König Tullus das Gelübde aus, überall und immer allen seinen Unterthanen Gerechtigkeit widerfahren zu lassen und sieht darin ein Mittel, wodurch ein König sich zum Halbgott machen kann [2]). Auch Ludwig XIV. sieht in der Gerechtigkeit wenigstens das Mittel, in den Herzen der Angehörigen aller Stände seines Reiches zu herrschen (Oeuvres, ed. 1806, Bd. II, S. 95), wie er überhaupt die Gerechtigkeit als königliche Tugend empfiehlt (ebd. Bd. I, S. 180).

In der »Andromède« preist der König Cepheus den Fürsten glücklich und alle seine Unternehmungen, der gegen sich selbst und seine Unterthanen gerecht ist [3]). Gerechtigkeit und Klugheit lassen den König nur das wollen, was er kann, d. h. wozu er das moralische Recht hat [4]).

Hoffnung auf königliche Gerechtigkeit spricht Hypsipile im »Toison d' Or« aus, weil ein König allen Gerechtigkeit schulde, und nur ein schlechter Verwahrer einer so heiligen Gewalt sei, wenn er jene der Regung väterlicher Zärtlichkeit opfere [5]). Derselbe Gedanke findet sich im »Othon«, wenn es in Beziehung auf die Bestrafung durch den König heisst:

Le sexe ni le sang n'ont point de privilège .

(Othon, v. 1494.)

---

plus belle partie de notre auditoire, et dont le dégoût attire aisément la censure de ceux qui les accompagnent, et qu'enfin, l'amour n'ayant point de part dans ce sujet, ni les femmes d'emploi, il étoit dénué des principaux ornements qui nous gagnent d'ordinaire la voix publique« (Bd. VI, S. 126 f.)

[1]) Auch das (deutsche) Mittelalter pries die Gerechtigkeit als eine der vornehmsten Tugenden des Herrschers (s. Bartsch, »Das Fürstenideal des Mittelalters im Spiegel deutscher Dichtung«, S. 16 ff.)

[2]) . . . et je ferai justice:
J'aime à la rendre, à toute heure, en tout lieu.
C'est par elle qu'un roi se fait un demi-dieu. (Horace, v. 1476 ff.)

[3]) Mais heureux est le prince, heureux sont ses projets,
Quand il se fait justice ainsi qu'à ses sujets! (Andromède, v. 306 f.)

[4]) Le roi, juste et prudent, ne veut que ce qu'il peut. (Nicomède, v. 146.)

[5]) Il me rendra justice, un roi la doit à tous ;
Et qui la sacrifie aux tendresses de père,
Est d'un pouvoir si saint mauvais dépositaire. (Toison d'Or, v. 1011 ff.)

Im »Agésilas« wird von den »heiligen Gesetzen« Griechenlands gesprochen, von Griechenland gerühmt, dass es Völker und Könige besitze, die mit Gerechtigkeit regieren[1]), und am Schluss des Stückes zieht der König das Facit seiner Regierungsthätigkeit, wenn er sagt:

»Je vous ai fait justice à tous.« (Agésilas, v. 2113.)

Die rücksichtslosen und unsittlichen Regierungsgrundsätze, die Photin und Achillas im »Pompée« vortragen, können hier nicht in Betracht kommen, denn diese »niedrigen Seelen«, die dem König Ptolemäus zu unköniglicher Handlung rieten, trifft ja am Schluss des Stückes die rächende Hand Cäsar's: mit ihnen zugleich unterliegen auch die von ihnen vertretenen Grundsätze (s. besonders v. 104 ff. und 121 f.).

Auch im Cid hat der König Gerechtigkeit versprochen; er ist aber zu langsam und unentschlossen in der Ausübung derselben (s. Cid, v. 783 ff.). Don Fernand ist eben nach Corneille nicht das Ideal eines Königs; der Dichter weist ihn in seiner oben erwähnten Einteilung (Examen zum »Clitandre« I, S. 271 ff.) der Gruppe von Königen zu, die nur als Richter auftreten. In dieser Form entspreche der König nur schlecht der Würde seines hohen Titels; derartige Könige würden auch immer nur von Schauspielern 2. und 3. Ranges dargestellt.

Wir führten schon oben eine Stelle aus dem »Nicomède« an, wo die Klugheit als königliche Tugend erschien (Nicomède, v. 146). In demselben Werke finden wir auch eine weitere Ausführung des Satzes, dass Klugheit ein unbedingtes Erfordernis für den wahren König ist. Im eignen Interesse muss er immer Zeit und Ort beachten. Ohne Klugheit ist auch die Grösse eines mutigen Sinnes nur eine »vertu brutale«. Ein König, der nicht klug zu handeln versteht, wird immer am Ende sagen müssen: »Ich hatte das Recht zu regieren und wusste mich desselben nicht zu bedienen«[2]).

---

[1]) La Grèce a de plus saintes lois,
Elle a des peuples et des rois
Qui gouvernent avec justice. (Agésilas, v. 441 ff.)

[2]) Qu'une vertu parfaite a besoin de prudence,
Et doit considérer, pour son propre intérêt,
Et le temps où l'on vit, et les lieux où l'on est.
La grandeur de courage en une âme royale

Die Klugheit wird dem König eine Fähigkeit geben, die ja immer und bis zu den neuesten Zeiten als hervorragende Herrschertugend gegolten hat: die rechten Berater mit scharfem Blick auszuwählen. Diese Fähigkeit ist nur wenigen Königen verliehen, vielmehr ist es eine häufige Erscheinung, dass sie sich, wie König Ptolemäus, in der Wahl ihrer Berater täuschen[1]). Wenn so kluges Wägen für den König unerlässlich ist, so wird dann aber auch ein mutiges Wagen hinzukommen müssen. Es ist schön, selbst bisher Unerreichtes erstreben zu wollen, auch wenn der Wille nicht zum Erfolg führt[2]). Grosse, königliche Seelen fürchten selbst den Tod nicht[3]).

Der Mut erhält oft seinen Anreiz vom Ehrgeiz, der nach den höchsten Zielen strebt. Kleopatra nennt im »Pompée« den Ehrgeiz die einzige einer Fürstin würdige Leidenschaft[4]). Diese Leidenschaft darf aber nicht alles vernünftige Mass überschreiten, eine Königin weiss sie zu regeln (s. Pompée, v. 623 f.) Eine Königin wie Rodelinde weiss, dass man der Liebe einer Frau gar bald überdrüssig wird, niemals aber des »soif de régner«[5]). Königlicher Ehrgeiz spricht aus den Worten:

N'est sans cette vertu qu'une vertu brutale,
Que son mérite aveugle, et qu'un faux jour d'honneur
Jette en un tel divorce avec le vrai bonheur,
Qu'elle même se livre à ce qu'elle doit craindre,
Ne se fait admirer que pour se faire plaindre,
Que pour nous pouvoir dire, après un grand soupir:
»J'avois droit de régner et n'ai su m'en servir.« (Nicomède, v. 816 ff.)

[1]) Mais c'est une imprudence assez commune aux rois
D'écouter trop d'avis, et se tromper au choix. (Pompée, v. 1091 f.)

[2]) Il est beau de tenter des choses inouïes,
Dût-on voir par l'effet ses volontés trahies. (Sertorius, v. 1381 f.)

[3]) La mort n'a rien d'affreux pour une âme bien née. (Héraclius, v. 951).
L'esclavage aux grands cœurs n'est point à redouter;
Alors qu'on sait mourir, on sait tout éviter. (Sophonisbe, v. 721 f.)

[4]) J'ai de l'ambition, et soit vice ou vertu,
Mon cœur sous son fardeau veut bien être abattu;
J'en aime la chaleur et la nomme sans cesse
La seule passion digne d'une princesse. (Pompée, v. 431 ff.)

[5]) On se lasse bientôt de l'amour d'une femme;
Mais la soif de régner règne toujours sur l'âme;
Et comme la grandeur a d'éternels appas etc. (Pertharite, v. 975 ff.)

»Je ne vous cèle point qu'ayant l'âme royale,
L'amour du sceptre encor me fait votre rivale.
(Pertharite, v. 219 f.)

Der Ehrgeiz sei schön, sagt Irene in der »Pulchérie«, er unterdrücke aber die Gefühle der Freundschaft und Liebe[1]. Chimene, die der Ehrgeiz um ihren Geliebten zu bringen droht, verflucht ihn als eine détestable manie«[2]. Im letzteren Falle handelt es sich aber auch nicht um königlichen Ehrgeiz: es ist der nach einflussreichen Stellen strebende Ehrgeiz der Grossen am Hofe des Königs.

Als weitere Eigenschaften des Monarchen erscheinen bei Corneille: Stolz, Hoheit und Grösse, oft freilich etwas konventionell begründet. Von Kleopatra wird ein edler und gerechter Stolz gerühmt, der würdig einer Königin ist, die mit Edelsinn und Grossherzigkeit die Ehre ihrer Geburt und ihrer Würde aufrecht erhält[3].

Der Königssohn Attalus hat nach der Aussage des Nicomedes ein grosses Herz, einen grossen Geist, eine grosse Seele und alle Erhabenheiten, aus denen ein König entsteht[4].

Im Othon« heisst es:

»Un véritable prince agit avec hauteur.« (Othon, v. 1568.)

Ein edler und fester Stolz wird nach kurzem Kampf über die Liebe Sieger sein[5]. Eine königliche Seele ist viel zu stolz, um sich in Thränen und Seufzern zu ergehen[6].

[1] . . . L'ambition est belle;
Mais vous n'êtes, Seigneur, avec ce sentiment
Ni véritable ami, ni véritable amant. (Pulchérie, v. 1434 ff.)

[2] Maudite ambition, détestable manie,
Dont les plus généreux souffrent la tyrannie. (Cid, v. 457 f.)

[3] Un orgueil noble et juste, et digne d'une reine
Qui soutient avec cœur et magnanimité
L'honneur de sa naissance et de sa dignité. (Pompée, v. 726 ff.)

[4] Attale a le cœur grand, l'esprit grand, l'âme grande,
Et toutes les grandeurs dont se fait un grand roi. (Nicomède, v. 592 f.)

[5] Mais un grand cœur doit être au-dessus de l'amour.
Quel qu'en soit le pouvoir, qu'elle qu'en soit l'atteinte,
Deux ou trois soupirs étouffés,
Un moment de murmure, une heure de contrainte,
Un orgueil noble et ferme, et vous en triomphez. (Agésilas, v. 1421 ff.)

[6] N'attendez point de moi de soupirs ni de larmes;
Ce sont amusements que dédaigne aisément

Von der Königin Sophonisbe wird ganz besonders der Stolz gerühmt[1]). Léon will vor Liebe zu den Füssen der Kaiserin Pulchérie sterben, sie soll die demütige Huldigung seines letzten Seufzers empfangen, und wenn es der Stolz ihres hohen Ranges erlaubt, ihn mit einigem Mitgefühl entgegennehmen [2]). Stärker kann wohl der Zwang der Etikette nicht gedacht werden, als wie er aus diesen Worten spricht.

Bei allem Stolz, bei aller Hoheit sollen aber doch die Könige ihren Unterthanen mit Liebe begegnen, ihnen väterliche Fürsorge angedeihen lassen. Wer zu herrisch auftritt, zu sehr den König spielt, regiert nicht lange, sagt König Prusias[3]). Der Königin Rodelinde scheint der Usurpator Grimoald gerade deshalb so gefährlich, weil er mit Liebe über das Volk herrscht[4]). Im Prolog zum Toison d'Or, wo »Frankreich« seine Stimme zum Lob Ludwig's XIV. erhebt, da wird besonders seine väterliche Liebe, die das Elend des Volkes jammert, hervorgehoben[5]). König Ferdinand im Cid wacht und sorgt, wie er sagt, für seine Unterthanen[6]). Durch Liebe und Majestät kann der Herrscher, wie

    Le prompt et noble orgueil d'un vif ressentiment:
    Qui pleure l'affoiblit, qui soupire l'exhale.
    Il faut plus de fierté dans une âme royale. (Sertorius, v. 1682 ff.)

[1]) Une telle fierté méritoit un empire. (Sophonisbe, v. 1804.)
    Une telle fierté devoit naître romaine. (Sophonisbe, v. 1812.)

[2]) J'y vais mourir, Madame, et d'amour, non de rage:
    De mon dernier soupir recevez l'humble hommage;
    Et si de votre rang la fierté le permet,
    Recevez-le, de grâce, avec quelque regret. (Pulchérie, v. 1645 ff.)

[3]) Qui tranche trop du roi, ne règne pas longtemps. (Nicomède, v. 749.)

[4]) Et le hais d'autant plus que je vois moins de jour
    A détruire un vainqueur qui règne avec amour. (Pertharite, v. 173 f.)

[5]) De ce glorieux trône ou brille sa vertu,
    Il tend sa main auguste à son peuple abattu;
    Et comme à tous moments la commune misère
    Rappelle en son grand cœur les tendresses de père,
    Ce cœur se laisse vaincre aux vœux que j'ai formés,
    Pour faire respirer ce que vous opprimez. (Toison d'Or, v. 43 ff.)

[6]) Un roi dont la prudence a de meilleurs objets,
    Est meilleur ménager du sang de ses sujets:
    Je veille pour les miens, mes soucis les conservent,
    Comme le chef a soin des membres qui le servent. (Cid, v. 595 ff.)

Corneille in einem Gedicht sagt, sich unsterbliche Achtung bei dem künftigen Geschlecht erwerben[1]).

Besonders aber wird von Corneille die Gnade des Herrschers gepriesen. Hat er doch seinem Cinna den Nebentitel »la clémence d'Auguste« gegeben und damit ausgesprochen, dass er hier das schönste Recht des Herrschers zur Idee eines ganzen Stückes macht. Es ist besonders die Gattin des Kaisers, Livia, durch deren Mund der Dichter die Gnade rühmt. Milde und Gnade will sie den Augustus lehren, durch sie könne er seine Macht neu befestigen, die Welt erkenne den wahren Monarchen an der Gnade:

. . . et forçons-le de voir
Qu'il peut, en faisant grâce, affermir son pouvoir,
Et qu'enfin la clémence est la plus belle marque
Qui fasse à l'univers connoitre un vrai monarque .
(Cinna, v. 1263 ff.)

Und als Augustus sein berühmtes »Soyons amis, Cinna« (v. 1701) gesprochen hat, da hat er auch die Herzen der überwundenen Gegner für sich gewonnen. Aus ihrem Mund klingt ihm der Preis seiner beispiellosen Tugend entgegen:

»O vertu sans exemple! ô clémence qui rend
Votre pouvoir plus juste, et mon crime plus grand!«
(Cinna, v. 1731 f.)

Alle seine Feinde hat er durch seine Milde entwaffnet und noch mehr: die nach Freiheit, nach republikanischer Verfassung Strebenden hat er zur Monarchie bekehrt:

D'une si longue erreur pleinement affranchie,
Elle n'a plus de voeux que pour la monarchie,
Nous prépare déjà des temples, des autels,
Et le ciel une place entre les immortels;
Et la postérité, dans toutes les provinces,
Donnera votre exemple aux plus généreux princes.»
(Cinna, v. 1769 ff.)

In den »Triomphes de Louis le Juste« sucht Corneille immer neben der stark übertreibenden Schilderung der Macht und Herr-

---

[1] Unir tant de tendresse à tant de majesté,
. . . .
. . c'est par là qu'on s'assure
Un respect immortel chez la race future.
(Poésies Diverses, No. 69, v. 272 ff. und 333 ff., Bd. X, S. 212 ff. und 216 ff.)

lichkeit des Königs dessen rein menschliche Züge, vor allem die Milde und Gnade gegen reuige Unterworfene, seinen Schutz, den er Bedrängten gewährt, in den Vordergrund zu stellen (Poésies Diverses, No. XXXIII, v. 20, 27, 58, 79, 107 ff.; Bd. X, S. 104 ff.). Auch in dem Gedicht »Sur les victoires du Roi« (1677) wird die Güte Ludwigs gegen die Besiegten besonders gerühmt (Poésies Diverses, No. LXXXIX, v. 35 f., Bd. X, S. 324).

Als eine der höchsten Herrschertugenden erscheint endlich bei Corneille die Pflicht, das gegebene Wort zu halten. Wie Bodin forderte: »Vox Principis instar oraculi esse debet« (s. o. Einleitung, S. 26) und auch Richelieu die Unverletzlichkeit und Heiligkeit des königlichen Wortes (Mémoires, Bd. XI, S. 220) betonte, so hat auch Corneille Ludwig XIV. sehr energisch an diese königliche Pflicht gemahnt, als er ihm in seinem »Placet au Roi« (Marty-Laveaux, Bd. X, S. 308 v. 11) zurief:

·Qu'un grand roi ne promet que ce qu'il veut tenir.«

Auch in den dramatischen Werken wird von Corneille oft ausgesprochen, dass des Königs Wort unverletzlich und unverbrüchlich sein soll. Ein König, der sein Wort bricht, entspricht nicht der Vorstellung von der Würde und Erhabenheit des Königtums. So heisst es im »Suréna«:

»J'ai donné ma parole; elle est inviolable.« (Suréna, v. 853.)

Der gleiche Gedanke findet seinen Ausdruck im »Toison d'Or«[1]) und im »Oedipe«[2]). König Ödipus hält sein Wort, es ist ihm unverletzlich; Theseus giebt dies zu und sagt selbst, dass es heilig sein müsse, verlangt aber trotzdem recht egoistisch für sich einen Bruch dieses Wortes und meint, als Ödipus das feierlich gegebene Versprechen halten zu müssen glaubt:

»C'est pour un grand monarque un peu bien de scrupule.«
(Oedipe, v. 197.)

Im »Pertharite« will das Volk von einem König nichts wissen, der seiner Königin das Treuegelübde bricht[3]). Der Verrat gehört nicht zu den Rechten der Krone[4]).

---

[1]) Ma parole est donnée, il faut que je la tienne. (Toison d'Or, v. 545.)
[2]) La parole des rois doit être inviolable. (Oedipe, v. 185.)
[3]) . . . et ne veut point un roi
Qui commence par elle à violer sa foi. (Pertharite, v. 305 f.)
[4]) Ne dis plus que ce rang veut que tu m'abandonnes,
Et que la trahison est un droit des couronnes. (Pertharite, v. 347 f.)

Das Wort grosser Männer überhaupt gilt ohne weiteres und hat bindende Kraft, es bedarf keines weiteren Unterpfandes[1].

Sahen wir bisher, wie der Herrscher in seinem Handeln von sittlichen Forderungen abhängig ist, so wollen wir zum Schluss dieses Abschnittes eine Art sittlicher Unabhängigkeit, die vom Fürsten verlangt wird, besprechen.

Der Herrscher soll, was wir später sehen werden, rechtlich völlig unabhängig sein, und ebenso wird gefordert, dass er auch in geistiger oder moralischer Beziehung nicht von irgend jemand abhängig sei.

Die Könige wollen, dass die Unterthanen sich ihnen verpflichtet fühlen und nicht sie den Unterthanen. Ist das letztere der Fall, so könnte der Unterthan leicht eine Art Unabhängigkeit erlangen[2]. Was auch Hervorragendes und Glänzendes geleistet worden ist, Dank ist der König niemals einem Unterthanen schuldig. Wie er seine Würden und seine Gunst austeilt, darüber hat der König niemand Rechenschaft abzulegen[3]. Da nun aber ruhmvolle Thaten, für den Staat geleistet, doch eine gewisse moralische Verpflichtung des Herrschers hervorrufen, der wahre König aber auch diese nicht haben soll, so erscheint derjenige König als das Ideal, der in seinem Staat den höchsten Ruhm in seiner Person vereinigt, niemand an Ruhm über sich sieht, kurz der der würdigste die Krone zu tragen ist[4].

---

[1] La parole suffit entre les grands courages;
D'un homme tel que vous la foi vaut cent otages. Sertorius, v. 1251.)

[2] Et surtout commencez d'apprendre
Que les rois sont jaloux du souverain pouvoir,
Qu'ils aiment qu'on leur doive, et ne peuvent devoir
Que rien à leurs sujets n'acquiert l'indépendance,
Qu'ils règlent à leur choix l'emploi de plus grands cœurs;
Qu'ils ont pour qui les sert des grâces, des faveurs,
Et qu'on n'a jamais droit sur leur reconnoissance. (Agésilas, v. 2060 ff.)

[3] Les rois de leurs faveurs ne sont jamais comptables;
Ils font, comme il leur plait, et défont nos semblables.
(Don Sanche, v. 345 f.)
Jamais un souverain ne doit compte à personne
Des dignités qu'il fait, et des grandeurs qu'il donne. (ebd. v. 929 f.)

[4] Sa fortune me pèse, et son nom m'importune.
Qu'un monarque est heureux quand parmi ses sujets
Ses yeux n'ont point à voir de plus nobles objets,
Qu'au-dessus de sa gloire il n'y connoît personne
Et qu'il est le plus digne enfin de sa couronne! (Suréna, v. 722 ff.)

3. Die rechtliche Stellung des Monarchen.

In der Staatswissenschaft wird es Jean Bodin als besonderes Verdienst angerechnet, eine klare Trennung der rechtlichen und ethischen Gedankensphäre innerhalb der politischen Wissenschaft herbeigeführt zu haben. Damit steht er jedoch keineswegs auf dem Boden Machiavelli's, der bei der Begründung seiner Lehre völlig von der Moral absah. Er hat wohl den Herrscher in seinem System rechtlich als völlig unabhängig hingestellt, hat ihn aber an moralische Pflichten, oder, wie er sagt, an die »göttlichen und natürlichen Gesetze« gebunden sein lassen. (s. o. Einleitung, S. 25.) In dieser Stellung gegen Machiavelli ist Bodin eines Sinnes auch mit den demokratischen Hugenotten, wie Hotmann und du Plessis-Mornay. Und auch Dichter wie Ronsard und Malherbe begründen die Staatslehre, so weit sie bei ihnen zum Ausdruck kommt, ganz und gar auf die Moral. Auch Corneille hat ganz in diesem Sinne das Herrschertum aufgefasst, und jene moralische Begründung steht bei ihm, dem Dichter, naturgemäss im Vordergrund. Welcher Art die sittlichen Verpflichtungen seiner Kaiser und Könige sind, haben wir im vorigen Abschnitt darzulegen versucht. Wir werden nun zu untersuchen haben, ob nicht etwa andere als sittliche Pflichten, etwa rechtliche — soweit in einer Zeit, die noch kein Staatsrecht kannte, davon die Rede sein kann — die Herrscher binden, und werden zunächst den Umfang der Herrschermacht festzulegen suchen.

a. Der Umfang der monarchischen Gewalt.

Die monarchische Gewalt erscheint bei Corneille in ihrer absoluten Gestalt, d. h. die in Corneille's Werken auftretenden Herrscher »haben für sich allein die Fülle aller vorhandenen Staatsmacht inne, ohne verfassungsgemäss an die Mitwirkung oder Zustimmung anderer gebunden und ohne durch die Rechte anderer, wenigstens ohne durch die politischen Rechte anderer beschränkt zu sein«[1].

Wenn auch die Herrscher, die unser Dichter auf die Bühne bringt, an Macht und Würde nicht alle gleich sind, wenn an imponierendem Auftreten die Könige des Cid und Clitandre weit hinter denen der späteren Stücke zurückstehen, so steht doch auch dem am schwächlichsten gezeichneten König keine positive

---

[1] s. Bluntschli, Deutsches Staatswörterbuch. I, 8.

Beschränkung bei der Ausübung seiner Herrschermacht im Wege. Sie erscheinen vielmehr alle, wie es Ludwig XIV. von den Königen verlangte (s. Oeuvres, ed. 1806, Bd. II, S. 121), als »seigneurs absolus«, und der absolute Charakter ihrer Macht wird des öfteren, besonders in den späteren Stücken, ausgesprochen.

Un roi doit pouvoir tout« heisst es in der »Sophonisbe« (v. 863) und im »Pertharite« (v. 337 und v. 1335), mit absoluter Macht sollen und wollen die Könige herrschen[1]).

Flaminius ruft dem Nicomedes zu:

»Vous êtes souverain, et tout vous est permis.« (Nicomède, v. 1642.)

und König Ödipus giebt der Überzeugung von der eignen Allgewalt Ausdruck mit den Worten:

»Je suis roi, je puis tout.« (Oedipe, v. 493.)

Dem von seiner eignen Unentbehrlichkeit für den Staat überzeugten und den Befehlen seines Königs trotzenden Grafen von Gormas ruft D. Arias ermahnend zu:

Mais songez que les rois veulent être absolus.« (Cid, v. 387.)

Das beherrschte Reich erscheint im »Cinna« als Eigentum (bien) des Herrschers[2]). Auch hier finden wir wieder eine völlige Übereinstimmung mit der Auffassung des Herrschers, der den Absolutismus in die That umsetzte. Ludwig IV. hat, wie aus seinen Memoiren hervorgeht, das ihm unterstellte Reich als sein Eigentum betrachtet (s. Oeuvres, ed. 1806, II, 121; I, 93 f.)

Der Herrscher hört wohl den Rat anderer, doch er entscheidet allein und nach eignem Ermessen; das Ruder des Staates hält er allein in der Hand[3]). Deutlich ist hier auf Ludwig XIV. an-

---

[1]) Agissez donc, Seigneur, de puissance absolue:
Soutenez votre sceptre avec l'autorité
Qu'imprime au front des rois leur propre majesté. (Pertharite, v. 1332 ff.)
Et dans ce même trône où vous m'avez voulu,
Sur moi comme sur tous je dois être absolu. (Pertharite, v. 341 f.)

[2]) Rome est à vous, seigneur, l'empire est votre bien;
Chacun en liberté peut disposer du sien;
Il le peut à son choix garder, ou s'en défaire:
Vous seul ne pourriez pas ce que veut le vulgaire. (Cinna, v. 451 ff.)

[3]) Du timon qu'il embrasse, il se fait le seul guide,
Consulte et résout seul, écoute, et seul décide,
Et quoique nos emplois puissent faire du bruit,
Sitôt qu'il nous veut perdre, un coup d'œil nous detruit.
(Othon, v. 617 ff.)

gespielt, der seit kurzem (1661) seine Selbstregierung begonnen hatte¹). Wenn der Herrscher des Staates anderen auch nur den geringsten Gehorsam erzeigt, so befleckt und zerstört er damit die Unabhängigkeit, die ein so ruhmreicher Name wie der des Königs bezeichnet²). Fürstinnen wie Laodice (»Nicomède«) und Honorie (»Attila«) wollen nichts von Königen wissen, die gehorchen, oder die man zum Gehorsam zwingt³).

Der absolute Charakter einer Monarchie zeigt sich nun weiter in der ausschliesslichen Aneignung aller gesetzgebenden Gewalt durch den Herrscher. Er gestattet keinem anderen Bestandteil der Nation ein Recht der Mitwirkung, sondern nimmt für sich allein die gesetzgeberische Befugnis in Anspruch. Auch diese Eigentümlichkeit findet sich wenigstens an einer Stelle bei unserem Dichter angedeutet. Im »Othon« lässt er den Vinius sagen:

»Eh bien! si cet amour a sur vous tant de force,
Régnez: qui *fait des lois* peut bien faire un divorce.
Du trône on considère enfin ses vrais amis,
Et quand vous pourrez tout, tout vous sera permis.«
(Othon, v. 249 ff.)

Man sollte nun meinen, dass der Herrscher, der das Gesetz schafft, sich selbst dem Gesetz unterwerfen müsse. Dem ist aber in der absoluten Monarchie nicht so: hier steht der König über dem Gesetz. So heisst es auch bei Corneille:

»Mais le trône soutient la majesté des rois
Au-dessus du mépris, comme au-dessus des lois.
(Médée, v. 539 f.)

Bei solcher Unbeschränktheit der Gewalt läuft alles zuletzt auf den Willen des Monarchen hinaus. Dieser Wille ist die suprema lex, ins Französische übersetzt »l'ordre suprême« für jeden Staats-

---

¹) s. Tallemant des Réaux Historiettes, VII, 253 f., zitiert bei Marty-Laveaux, Bd. VI, S. 568.
²) Un nom si glorieux marque une indépendance
  Que souille, que détruit la moindre obéissance;
  Et je suis las de voir que du bandeau royal
  Ils prennent droit tout deux de me traiter d'égal. (Attila, v. 25 ff.)
³) Je ne veux point de rois qui sachent obéir.   (Nicomède 898.)
  Et bien! si j'aime Valamir
  Je ne veux point de roi qu'on force d'obéir.   (Attila, v. 419 f.)

bürger[1]). Wenn der König sein »hoc volo, sic jubeo« ausgesprochen, hat jeder Widerstand zu verstummen. Das »je le veux« des Monarchen als höchster, letzter Befehl kommt bei Corneille genugsam zum Ausdruck[2]). Zu bitten braucht ein Monarch, der alles kann, niemals[3]), und wenn er es thut, so ist die Bitte eben gleich einem Befehl[4]). Letzteres wird zwar nicht von einem Monarchen gesagt, sondern von dem Feldherrn Sertorius. Wie viel eher muss es dann für den absoluten Herrscher gelten, dessen Wille ja schon Gesetz ist nach dem Spruch »Quod principi placuit, legis habet vigorem!« Wenn ausgesprochen wurde, dass der König über dem Gesetz steht, so hiess das nur: über dem sogenannten positiven Gesetz. Warum und in welcher Weise der König aber vom Sittengesetz abhängig ist, haben wir im vorigen Abschnitt dargelegt. Sittengesetz und Staatsinteresse sind die sich beiderseits durchdringenden Prinzipien der Herrscherthätigkeit und enthalten auch zugleich für den Herrscher die vornehmste Beschränkung seiner Macht.

Weniger bedeutsam und bei Corneille natürlich auch nur selten erwähnt sind einige weitere Beschränkungen der absoluten Macht durch die Grundgesetze des Staates. Von derartigen

---

[1]) Pulchérie: . . . »Je parle, obéissez;«
Léon: »J'obéis donc, Madame, à cet ordre suprême.«
(Pulchérie, v. 1728 f.)

[2]) Il a dit: »Je le veux«; désobéissez-vous? (Cid, v. 364.)
Quand vous aurez su dire une fois: »Je le veux«,
D'un seul mot prononcé vous ferez quatre heureux.
(Tite et Bérénice, v. 541 ff.)
Je ne demande plus que pour de si beaux feux
Votre absolu pouvoir hasarde un: »Je le veux«.
(Tite et Bérénice, v. 1605 f.)
Mais songez bien qu'un roi quand il dit: »Je le veux« . . .
Adieu: ce mot suffit, et vous devez m'entendre. (Suréna, v. 1376 f.)
Une ligue obstinée aux fureurs de la guerre
Mutinoit contre toi jusques à l'Angleterre:
Ses projets tout à coup se sont évanouis;
Et pour toute raison, Ainsi Le Veut Louis.
(Au Roi, Poésies Diverses, No. XC, v. 9 ff., Bd. X, S. 327.)

[3]) Cotys est roi, ma sœur; et comme sa couronne
Parle suffisamment pour lui,
Assuré de mon cœur, que son trône lui donne,
De le trop demander, il s'épargne l'ennui. (Agésilas, v. 11 ff.)

[4]) Qui peut ce que lui plait commande alors qu'il prie. (Sertorius, v. 1233.)

Gesetzen erwähnt der Dichter nur das Salische Gesetz (s. u. S. 93). Dass der Herrscher auch an Staatsverträge mit fremden Souveränen und seinen eignen Unterthanen gebunden ist, ist bei Corneille nicht direkt ausgesprochen, ergiebt sich aber aus der mehrfach ausgesprochenen Forderung, dass das Wort des Monarchen unverletzlich sein soll (s. o. S. 85 u. 86).

b. Legitime Abkunft. — Erblichkeit.

Wir sahen in dem Abschnitt über die sittliche Stellung des Monarchen, dass die Tugend als die sittliche Grundlage der Herrschaft bei Corneille erscheint. Die Tugend allein kann aber niemand zum Herrscher machen, zu ihr muss sich noch als unbedingtes Erfordernis die legitime Abkunft gesellen. Diese Frage hat Corneille besonders im »Don Sanche«, im »Pertharite« und im »Héraclius« behandelt.

Das erste Stück hat nicht nur im 17. Jahrhundert (wahrscheinlich bei Condé, wie Voltaire, Guizot und Marty-Laveaux wollen), sondern auch noch später wegen demokratischer Ansichten Anstoss erregt.

Trotz einzelner demokratischer Stellen (s. z. B. v. 253 f., v. 623 f., v. 1614 ff.) ist aber doch die Tendenz des Stückes völlig aristokratisch und im Sinne der Erbmonarchie. Es wird zwar gar viel von dem Adel der Tüchtigkeit gesprochen, aber man hält es für ganz unmöglich, dass aus niederer Geburt eine edle königliche Seele hervorgehen könne (s. z. B. v. 1660 ff).

Deshalb wird am Schluss der heldenhafte Karlos, der angebliche Fischerssohn, als der Sohn eines Königs erkannt. Als legitimer König aus dem Geschlechte der Könige von Aragon stammend, besteigt Karlos unter dem Namen Don Sancho den Thron seiner Väter.

Gerade in diesem Werk erscheint die legitime Abstammung als unbedingtes Erfordernis der Herrschaft.

Auch der Ausgang des »Pertharite«, wo der Usurpator Grimoald dem rechtmässigen Herrscher die Herrschaft wieder abtritt, zeigt, dass Corneille eine Herrschaft ohne legitime Abstammung nicht gelten lässt.

Im »Héraclius« hat gleichfalls ein fremder Eroberer den Thron von Byzanz eingenommen. Wie er durch ein Verbrechen die Herrschaft an sich gerissen hat, so herrscht er auch als Tyrann mit seinem ›naturel infame‹. Ihm gegenüber stehen die am Leben gebliebenen Angehörigen der legitimen Königsfamilie, in der ›das Reich ein Erbgut war‹ (v. 185). Das Stück entwickelt sich nun so, dass der Usurpator und Tyrann Phocas ermordet wird, und der legitime Prinz Heraclius den Thron besteigt, also wiederum das legitime Herrschertum am Schlusse siegt.

Nur als der verachtenswerte Plan von Verschwörern erscheint im ›Agésilas‹ die Absicht, die alte Ordnung, die die Wahl der Könige von ihrer Abstammung abhängig macht, umzustossen. (Agésilas, v. 1109 ff.)

Im ›Attila‹ findet sich eine Stelle, die sich auf den Dauphin und seine Mitwirkung an den militärischen Übungen des Jahres 1666 bezieht. Dort lässt der Thronfolger Frankreichs an seinen Tugenden seine legitime Abstammung erkennen, denn die Majestät des Vaters und die Anmut der Mutter haben sich auf ihn vererbt [1]).

Aus ihrer edlen Abstammung entspringen den Fürsten ihre Tugenden, sagt Cléopatra im ›Pompée‹ [2]) und Heraclius giebt demselben Gedanken Ausdruck, wenn er sagt:

›La générosité suit la belle naissance;
La pitié l'accompagne et la reconnoissance.

---

[1]) Il montre un cœur si haut sous un front délicat
Que dans son premier lustre il est déjà soldat:
Le corps attend les ans, mais l'âme est toute prête.
D'un gros de cavaliers il se met à la tête,
Et l'épée à la main, anime l'escadron
Qu'en orgueillit l'honneur de marcher sous son nom.
Tout ce qu'a d'éclatant la majesté du père,
Tout ce qu'ont de charmant les grâces de la mère
Tout brille sur ce front, dont l'aimable fierté
Porte empreints et ce charme et cette majesté.   (Attila, v. 579 ff.)

[2]) Les princes ont cela de leur haute naissance:
Leur âme dans leur sang prend des impressions
Qui dessous leur vertu rangent leurs passions.
Leur générosité soumet tout à leur gloire:
Tout est illustre en eux quand ils daignent se croire;
Et si le peuple y voit quelques déréglements,
C'est quand l'avis d'autrui corrompt leurs sentiments.
Ce malheur de Pompée achève la ruine:
Le Roi l'eût secouru, mais Photin l'assassine;
Il croit cette âme basse, et se montre sans foi;
Mais s'il croyait la sienne, il agiroit en roi.   (Pompée, v. 370 ff.)

Dans cette grandeur d'âme un vrai prince affermi
Est sensible aux malheurs même d'un ennemi.
(Héraclius, v. 1603 ff.)

Die Herrscher legitimer Abkunft, die Corneille in seinen Werken auftreten lässt, vereinigen ja zumeist edle, legitime Abstammung mit der Tugend. Diese Verbindung wird der Dichter wohl kaum für die einzig mögliche angesehen haben[1]), unzweifelhaft hat er sie aber für das Ideal des Herrschers, das seinem Geiste vorschwebte, gefordert.

Die legitime Abkunft auch ohne die höchste Herrschertugend wird aber immer eine starke und wirksame Stütze des Thrones sein[2]).

c. Primogenitur. — Salisches Gesetz.

Auch über die Art der Erbfolge finden sich in den dramatischen Werken Corneille's einige Angaben. Es liegt im Wesen der Monarchie, dass nur Einer die Herrschaft führt (s. o. S. 56). Als solcher erscheint bei Corneille der älteste der männlichen Nachkommen:

. . . . . .

»Que les rois n'ont qu'un trône et qu'une majesté,
Que leurs enfants entre eux n'ont point d'égalité,
Et qu'enfin la naissance a son ordre infaillible,
Qui fait de leur couronne un point indivisible.
(Pertharite, v. 53 ff.)

»Das alte Recht der Erstgeburt«, so sagt Nicomedes[3]), »sei oft

---

[1]) Moi, je m'éblouis moins de la splendeur du rang;
Son éclat au respect plus qu'à l'amour m'invite:
Ce heureux avantage ou du sort ou du sang
Ne tombe pas toujours sur le plus de mérite. (Agésilas, v. 136 ff.)

[2]) Foible qu'étoit ce prince à régir tant d'États,
Il avoit des appuis que ton frère n'a pas:
L'empire en sa personne étoit héréditaire;
La naissance le tint d'un aïeul et d'un père;
Il régna dès l'enfance, et régna sans jaloux,
Estimé d'assez peu, mais obéi de tous.
Léon peut succéder aux droits de la puissance,
Mais non pas au bonheur de cette obéissance. (Pulchérie, v. 1199 ff.)

[3]) Et ce vieux droit d'aînesse est souvent si puissant,
Que pour remplir un trône il rappelle un absent. (Nicomède, v. 1357 f.)

so mächtig wirksam, dass es einen Abwesenden zur Thronbesteigung herbeirufe«.

Dass für Frankreich das Salische Gesetz gilt, lässt Corneille den Ardaric im »Attila« sagen[1]), aber auch schon Ödipus erklärt, dass beim schwachen Geschlecht das Blut, d. h. die Abstammung wenig Recht in sich schliesse[2]).

d. Ebenbürtigkeit.

Die Unerlässlichkeit der legitimen Abstammung schliesst als weitere Forderung für den Monarchen die Ebenbürtigkeit der Gattin ein. Da dem Monarchen in seinem Reich niemand ebenbürtig ist, muss er sich seine Gattin aus den Herrscherfamilien fremder Staaten wählen. Die dadurch herbeigeführte Verschwägerung mit fremden Fürsten ist zugleich, wie Roscher (a. a. O. S. 223) sagt, »ein echt monarchisches Hilfsmittel«.

Niemals trifft ein wahrer König eine würdige Wahl, wenn er sich nicht dem Blute von Königen« vermählt, sagt König Agesilaus[3]). Die Infantin im Cid« weiss wohl, dass ihrer, der Königstochter, nur ein Monarch würdig ist[4]).

Im »Pertharite« heisst es:
»A la main d'une reine il faut celle d'un roi.« (Perth., v. 94.)

Ein Grundgesetz des Staates erheischt es also, dass Herrscher sich ebenbürtig vermählen, zwingt Fürsten und Fürstinnen gar oft, die Gefühle ihres Herzens zu unterdrücken. Wie in dieser Beziehung die Forderung der Ebenbürtigkeit als eine Forderung des Staatsinteresses wirkt, haben wir oben ausgeführt.

Anhang.
Der Hof.

So aristokratisch auch Corneille in seinen Anschauungen ist, so sehr er auch in Fürsten und Adligen die Ideale erhabenen Menschentums sieht, so wenig will er doch von der Einrichtung

---

[1]) Les Francs n'admettent point de femme à dominer. (Attila, v. 259.)
[2]) Le sang a peu de droits dans le sexe imbécile. (Oedipe, v. 225.)
  [sexe imbécile = sexe faible (s. Marty-Laveaux, Bd. VI, S. 143, Anm. 1)]
[3]) Et jamais un vrai roi ne fait un digne choix
  S'il ne s'allie au sang des rois. (Agésilas, v. 1214 f.)
[4] Et je me dis toujours qu'étant fille de roi,
  Tout autre qu'un monarque est indigne de moi. (Cid, v. 99 f.)

wissen, die durch den Verkehr dieser oberen Stände vornehmlich belebt wurde, von dem Ort, nach dem jeder Adlige mit Ehrgeiz streben musste, den zu meiden in der Zeit Ludwig's XIV. verdächtig machte.

Die abfällige Beurteilung des Hofes erklärt sich einmal aus den strengen sittlichen Anschauungen des Dichters: die am Hofe wirkenden und geltenden Kräfte erscheinen in seiner Darstellung wenig moralisch; andererseits aus dem Umstand, dass ihm, auch abgesehen von dem mangelnden esprit de suite«, schon äusserlich alles das fehlte, was einen glänzenden und gern gesehenen Hofmann macht.

Corneille hat es selbst gefühlt, dass die Natur ihn nicht zum Höfling geschaffen hatte [1].

Sich am Hof mit Erfolg bewegen zu können, erscheint als eine besondere Kunst, die gelernt sein will, und die im Widerspruch steht zu dem gesunden Empfinden einer unverdorbenen Seele. Dieser Gegensatz findet klaren Ausdruck in einem Gespräch zwischen Arsinoë und Attalus im III. Akt des »Nicomède«. Den jungen Attalus, der, wie er sagt, nur Tugenden in Rom gesehen hat, lehrt die erfahrene Mutter, dass am Hof besondere »Tugenden« gelten [2], seinen edelmütigen Absichten gegenüber hat sie die fast mitleidig-geringschätzigen Worte:

Vous êtes généreux, Attale, et je le voi,
Même de vos rivaux la gloire vous est chère.
(Nicomède, v. 1090 f.)
. . . .
Vous êtes peu du monde, et savez mal la cour.«
(Nicomède, v. 1113.)

Der oberste Grundsatz »höfischer Kunst« spricht sich in den Worten der Camilla im »Othon« aus:

---

[1] Comme Dieu m'a fait naître mauvais courtisan, j'ai trouvé dans la cour plus de louanges que de bienfaits, et plus d'estime que d'établissement. Ainsi étant demeuré provincial, ce n'est pas merveille si mon élocution en conserve quelquefois le caractère. (Avertissement zur Ausgabe seiner Werke, I. Teil von 1644, Bd. I, S. 2.)

[2] Attale:
Madame, je n'ai vu que des vertus à Rome.
Arsinoë:
Le temps vous apprendra par de nouveaux emplois,
Quelles vertus il faut à la suite des rois. (Nicomède, v. 1116 ff.)

»Qui sait faire sa cour, se fait aux mœurs du prince.«
(Othon, v. 953.)

Was der Fürst thut und denkt, das ist für den rechten Höfling die Richtschnur eignen Handelns. Dabei verfolgt er nur egoistische Zwecke und ist gegen jedermann misstrauisch[1]). Edlere Gefühle giebt es am Hofe nicht, hier herrscht allein die »fine pratique«, mit der einer den anderen zu überlisten sucht[2]).
Ewiger Wechsel herrscht am Hof:
»La cour en moins de temps voit cent métamorphoses.«
(Pulchérie, v. 1366.)

Bald ist es vorteilhaft, sich klar auszusprechen, bald auch zu schweigen[3]). Das Schweigen am Hofe ist genau berechnet, durch Schweigen giebt man seinen Widerspruch zu erkennen[4]). Wer das Wesen des Hofes recht begriffen hat, zieht sich nicht von ihm zurück, wenn ihm einmal die Gunst des Herrschers nicht

---

[1]) Félix:
Mais un vieux courtisan est un peu moins crédule :
Il voit quand on le joue, et quand on dissimule ;
Et moi j'en ai tant vu de toutes les façons,
Qu' à lui-même au besoin j'en ferois des leçons.
Albin :
Dieux! que vous vous gênez par cette défiance!
Félix :
Pour subsister en cour c'est la haute science :
Quand un homme une fois a droit de nous haïr,
Nous devons présumer qu'il cherche à nous trahir ;
Tout son amitié nous doit être suspecte. (Polyeucte, v. 1467 ff.)

[2]) Je sais des gens de cour quelle est la politique,
J'en connois mieux que lui la plus fine pratique. (Polyeucte, v. 1459 f.)
Gegen den Text der Ausgaben von 1643—1656 hat Corneille die Stelle bedeutend abgeschwächt. Dort hiess es:
Je connois avant lui la cour et ses intrigues,
J'en connois les détours, j'en connois pratiques.

[3]) Comme en de certains temps il fait bon s'expliquer,
En d'autres il vaut mieux ne s'y point embarquer. (Othon, v. 567 f.)

[4]) Les silences de cour ont de la politique.
Sitôt que nous parlons, qui consent applaudit,
Et c'est en se taisant que l'on nous contredit. (Pulchérie, v. 1578 ff.)
Je sais bien que le silence passe d'ordinaire pour une marque de consentement ; mais quand les rois parlent, c'en est une de contradiction : on ne manque jamais à leur applaudire quand on entre dans leurs sentiments ; et le seul moyen de leur contredire avec le respect qui leur est dû, c'est de se taire. (Examen zum Cid, Bd. III, S. 93.)

mehr zuteil wird. Er sucht sich vielmehr eine »Stütze«, wenn er nicht gerade untergehen will¹). In diesem selbstsüchtigen Parteitreiben ist man natürlich in der Wahl seiner Mittel nicht verlegen. Mit Verachtung spricht Don Gormas im »Cid« von Don Diègue als einem alten Höfling, der seine Stelle nur durch Kabale erhalten habe²).

Den rechten Höflingen geht, wie nicht anders zu erwarten ist, bei ihrem Treiben jeder Sinn für die grossen Interessen des Staates, für das Gemeinwohl ab, denn sie leben ja für sich und ihre eignen Interessen:

»Et qu'importe à tous deux de Rome et de l'État?
Qu'importe qu'on leur voie ou plus ou moins d'éclat?
Faisons nos sûretés et moquons nous du reste.
Point, point de bien public s'il nous devient funeste.
De notre grandeur seule ayons des cœurs jaloux;
Ne vivons que pour nous, et ne pensons qu'à nous.«
(Othon, v. 651 ff.)

B. Die Unterthanen.

Im folgenden werden wir nun, nachdem wir die sittliche und die rechtliche Stellung des absoluten Monarchen erörtert haben, das Verhältnis der Unterthanen zum Staat und Herrscher und die Besonderheiten einzelner Stände ins Auge fassen.

Dabei besprechen wir zunächst das Amt der Minister und im besonderen die Einrichtung des Premierministers, indem wir das Verhältnis Corneille's zu Richelieu betrachten, bestimmen sodann die allgemeinen Pflichten der Unterthanen (des Adels wie der Angehörigen des Volkes) und suchen in zwei weiteren Kapiteln die Ansichten des Dichters über die ethischen Voraussetzungen der Scheidung in Stände und den damit verbundenen Unterschied

---

¹) Ceux qu'on voit s'étonner de ce nouvel amour
N'ont jamais bien conçu ce que c'est que la cour.
Un homme tel que moi jamais ne s'en détache;
Il n'est point de retraite ou d'ombre qui le cache;
Et si du souverain la faveur n'est pour lui,
Il faut, ou qu'il périsse, ou qu'il prenne un appui. (Othon, v. 15 ff.)
²) Vous l'avez eu par brigue, étant vieux courtisan. (Cid, v. 219.)

in der Teilnahme und Wichtigkeit derselben am Staatsleben zu erkennen.

I. Die Minister.

Um die Auffassung Corneille's von der Stellung der Minister recht zu erkennen, müssen wir einen Blick werfen auf das Verhältnis des Dichters zu dem grössten Premierminister Frankreichs, zu Richelieu. Die beiden frühesten Gedichte, in denen Corneille von Richelieu spricht, sind voll von enthusiastischer Bewunderung für den Kardinal. In dem ersten, einem Sonett, das wahrscheinlich aus dem Jahr 1633 stammt, rühmt er seine unerhörten Thaten, nennt ihn ›le cœur d'un roi Louis‹ und wünscht, er möge die höchste kirchliche Würde erlangen, den päpstlichen Stuhl einnehmen (Bd. X, Poésies Diverses, No. 3). Das zweite Gedicht, die bekannte Excusatio an den Erzbischof von Rouen vom Jahre 1633[1], scheint (nach Marty-Laveaux' Vermutung) dasjenige gewesen zu sein, durch welches der Dichter zum ersten Mal mit dem Kardinal in persönliche Berührung kam. Wieder zollt er ihm überschwängliches Lob, ihm, der die grössten Schwierigkeiten zu überwinden verstehe, der — das hatte auch Malherbe besonders von dem Kardinal gerühmt (s. o. Einleitung, S. 36) — dem Ruhme Ludwig's und seines Vaterlandes sein kostbares Leben opfere und durch die blosse Wirkung seines Namens den erschreckten Feind bezwinge[2].

Dann sehen wir unseren Dichter unter den »fünf Autoren« Richelieu's, aus deren Mitte er aber aus Mangel an ›esprit de suite‹, d. h. Fügsamkeit gegen den Kardinal bald wieder ausscheidet.

Persönlich missgestimmt durch diesen geheimen Widerstand, durch den nun erscheinenden »Cid« als Minister und Dichter zu-

---

[1] Das Gedicht ist *nach* dem 24. Sept. 1633 verfasst, weil in ihm (v. 54) die an jenem Tage erfolgte Einnahme von Nancy erwähnt ist. Veröffentlicht wurde es im folgenden Jahre (s. Marty-Laveaux, Bd. X, S. 65).

[2] Richelius tanto ingentes sub principe curas
   Explicat, et tantis pars bona rebus adest;
   Nec pretiosam animam Lodoïci inpendere palmis,
   Aut patriae dubitet postposuisse bonis.
   Tempora rimatur, pavidum ruiturus in hostem,
   Et ruit, et solo nomine domat.
      (Poésies Diverses, No. XX, v. 55 ff., Bd. X, S. 70.)

gleich verletzt, nimmt Richelieu Partei gegen den Dichter in dem heftig entbrennenden Cidstreit. Erst das Urteil der Akademie stellt ihn zufrieden. Er heisst Scudéry, Mairet und die anderen grimmen Feinde des Dichters schweigen und lässt ihm selbst die gewährte Pension weiterzahlen. Scheinbar ist auch Corneille versöhnt. Er vergeht fast vor Unterwürfigkeit gegen den Kardinal in einem Briefe an Boisrobert vom 23. Dezember 1637 (Bd. X, S. 430 ff.). Aber es ist keine wahrhafte Ergebenheit, die aus den Worten spricht:

»Mais maintenant que vous me conseillez de n'y répondre point, vu les personnes qui s'en sont mêlées, il ne me faut point d'intreprète pour entendre cela; je suis un peu plus de ce monde qu' Héliodore, qui aima mieux perdre son évêché que son livre, et j'aime mieux les bonnes grâces de mon maître que toutes les réputations de la terre: je me tairai donc, non point par mépris, mais par respect . . . . . «

Wir meinen, dass diese Stelle das Verhalten des Dichters vollkommen erklärt. Nicht wie der »unmoderne« Heliodor, der, als er ein Werk nicht widerrufen wollte, seinen Bischofsitz verlor, will er standhaft bei seiner Meinung bleiben. Er hat sich überzeugt, dass gegen den allmächtigen Minister jeder Widerstand sinnlos ist[1]), und will nun durch um so grössere äusserliche Unterwürfigkeit das Unrecht des einmal gewagten Widerstandes wieder gut machen.

Dass Corneille bei den Lobpreisungen des Kardinals nicht mit seinem innersten Gefühl beteiligt war, beweist uns schon ihre entsetzliche Übertriebenheit. Wenn er in der »Épitre dédicatoire« zum »Horace« nicht nur den grossen Staatsmann, sondern auch den unfehlbaren Ästhetiker feiert, so klingt uns das wie mühsam verborgener Hohn, besonders wenn wir uns erinnern, wie rasch der Dichter wieder das litterarische Gefolge Richelieu's verlassen hatte.

So nur können wir auch den nach dem Tode des Kardinals scheinbar so unmotiviert hervorbrechenden Hass des Dichters verstehen. Nachdem er in den »Vers sur le Cardinal de Richelieu« gelobt, niemals etwas über den Kardinal, sei es in Prosa oder Versen,

---

[1]) Eine wahrhafte Angst spricht aus den Schlusszeilen des Briefes an Boisrobert: »Je vous conjure de ne montrer point ma lettre à Monseigneur, si vous jugez qu'il me soit échappé quelque mot qui puisse être mal reçu de Son Éminence.« (Bd. X, S. 432.)

zu schreiben, denn er habe zu viel Gutes von ihm empfangen, um etwas Böses, zu viel Böses, um etwas Gutes von ihm sagen zu können[1], schildert er seine Regierung in einem Gedicht »Über den Tod Ludwig's XIII.« als die Herrschaft der Ungerechtigkeit, Ehrsucht, Hoffahrt, Vermessenheit und des Geizes[2]).

Diese persönliche Stellung des Dichters zu dem allmächtigen Ministerpräsidenten mag auch seine Anschauungen über die Stellung der Minister überhaupt beeinflusst haben.

Im »Horace« findet sich ja zwar eine Stelle, die mit deutlicher Anspielung auf Richelieu ausführt, dass Männer, die die Stütze der Krone sind, über den Gesetzen stehen, wie die Herrscher selbst[3]). Die Stelle ist uns aber zur Konstatierung der wirklichen Ansichten des Dichters nicht mehr wert als der Panegyrikus auf den Kardinal in der oben angeführten »Epître dédicatoire« zu eben diesem Werke. Nur die nach dem Tode Richelieu's (1642) verfassten Werke können in dieser Frage Aufschluss geben.

Da schildert er uns denn im »Pompée« Minister, die den unheilvollsten Einfluss auf den Herrscher üben. Diese ganze Tragödie erscheint uns als eine beabsichtigte Ausführung der in dem Gedicht auf den Tod Ludwig's XIII. gegebenen Idee. Es ist wohl kaum ein Zufall, dass Corneille in diesem Gedicht die Herrschaft Richelieu's als »le règne de l'injustice« bezeichnet und in dem zu derselben Zeit (Winter 1643/44) entstandenen »Pompée« den allmächtigen Minister sagen lässt:

»La justice n'est pas une vertu d'État.
Le choix des actions ou mauvaises ou bonnes
Ne fait qu'anéantir la force des couronnes;

[1] Qu'on parle mal ou bien du fameux Cardinal,
Ma prose ni mes vers n'en diront jamais rien;
Il m'a fait trop de bien pour en dire du mal,
Il m'a fait trop de mal pour en dire du bien.
(Bd. X, S. 86, Poésies Diverses, No. 28.)

[2] L'ambition, l'orgueil, l'audace, l'avarice,
Saisis de son pouvoir, nous donnèrent des lois,
Et bien qu'il fût en soi le plus juste des rois,
Son règne fut pourtant celui de l'injustice.
(Bd. X, S. 87, Poésies Diverses, No. 29, v. 5 ff.)

[3] Et l'art et le pouvoir d'affermir des couronnes
Sont des dons que le ciel fait à peu de personnes.
De pareils serviteurs sont les forces des rois,
Et de pareils aussi sont au-dessus des lois. (Horace, v. 1751 ff.)

Le droit des rois consiste à ne rien épargner:
La timide équité détruit l'art de régner.
Quand on craint d'être injuste, on a toujours à craindre,
Et qui veut tout pouvoir, doit oser tout enfreindre,
Fuir comme un déshonneur la vertu qui le perd,
Et voler sans scrupule au crime qui lui sert.«(Pompée, v.104 ff.)
Mit welcher Verachtung und welchem Abscheu spricht dann Kleopatra, die Schwester des Königs, von diesen Ministern! Wenn es noch Zeit sei, möge sich der König von ihrer Tyrannei, die die Tugend verjagt habe, befreien[1]). Die Könige, deren hohe Geburt ihnen Kraft gebe, ihre Leidenschaften der Tugend unterzuordnen, sollten immer nur sich selbst hören, dann würden sie immer als wahre Könige handeln (s. o. S. 92). »Lâches politiques« nennt Kleopatra die Berater ihres Bruders und beweist an ihren Ratschlägen, dass es ganz vergeblich ist, wenn der König Leute, die zu Dienern geboren sind, zu sich emporhebt, denn:

»Un cœur né pour servir sait mal comme on commande;
Sa puissance l'accable alors qu'elle est trop grande;
Et sa main, que le crime en fait redouter,
Laisse choir le fardeau qu'elle ne peut porter.«
(Pompée, v. 1197 ff.)

Corneille hatte eine viel zu hohe Auffassung vom Königtum, als dass er den König vor einem Premierminister in den Hintergrund hätte treten lassen können. Ausser im Pompée« hat er auch im »Othon« dieser Ansicht Ausdruck gegeben, wo er einen Herrscher zeichnet, der allein das Ruder des Staates in der Hand hält«.

Unverkennbar ist, wie wir schon erwähnten, die Anspielung auf Ludwig XIV. Dass er sich mit diesem bezüglich des Premierministers in gleicher Anschauung befand, lehren ausser der ganzen Regierungsthätigkeit des Königs auch die Worte in seinen »Mémoires historiques et instructions pour le dauphin«:

»Quant aux personnes qui doivent seconder mon travail, je résolus sur toutes choses de ne point prendre de *premier ministre;*

---

[1]) Ah! s'il est encor temps de vous en repentir,
Affranchissez-vous d'eux et de leur tyrannie;
Rappelez la vertu par leurs conseils bannie:
Cette haute vertu dont le ciel et le sang
Enflent toujours les cœurs de ceux de notre rang. (Pompée, v. 272 ff.)

et si vous m'en croyez, mon fils, et tous vos successeurs après vous, le nom sera pour jamais aboli en France: rien n'étant plus indigne que de voir d'un côté toute la fonction et de l'autre le seul titre de Roi« (Oeuvres, I, 27 f.). Auch in dem Mémoire an seinen Enkel, den Herzog von Anjou (späteren König Philipp V. von Spanien) hat er diesem als wichtigste Ermahnung zugerufen: Soyez le maître; n'ayez jamais de favoris ni de *premier ministre*« (Oeuvres II, 466).

Wie »grosse Herzen« unter einer Ministerherrschaft leiden, und wie sie nach dem Tode der gefürchteten Männer wieder aufleben, sagt uns die Stelle im Attila:

Les grands cœurs n'osent rien sous de si grands ministres:
Leur plus haute valeur n'a d'effets que sinistres:
Leur gloire fait ombrage à ces *puissants jaloux*,
Qui s'estiment perdus, s'ils ne les perdent tous.
Mais après leur trépas tous ces grands cœurs revivent.«
(Attila, v. 1033 ff.)

Der Dichter selbst, der dieses schrieb, lebte auch nach dem Tode eines Ministers wieder auf, der mit allmächtiger Hand jede freie Regung, auch in der Litteratur, wo eine grosse Dichterkraft ihn eifersüchtig machen konnte, niederhielt.

Wie gefährlich Ministerherrschaft für die Würde und das Ansehen der Fürsten werden kann, da dem Minister doch immer die Würde der Majestät mangelt, zeigt uns eine Stelle im »Othon«, wo gesagt wird:

»Bien que nous devons tout aux puissances suprêmes,
Madame, nous devons quelque chose à nous-mêmes;
Surtout quand nous voyons des ordres dangereux,
Sous ces grands souverains, partir d'autres que d'eux.«
(Othon, v. 789 ff.)

Welch klägliche Stellung des Herrschertums spricht sich nicht in den Worten des Galba aus, wenn er beim Streit seiner Berater, die alles über ihn vermögen, hin und her schwankt und nicht weiss, was er thun soll[1]).

So verderblich auch Corneille eine Ministerherrschaft erscheint,

---

[1]) Est-il doux de tenir le timon d'un empire,
Pour en voir les soutiens toujours se contredire? (Othon, v. 1641 f.)
Qu'un prince est malheureux quand de ceux qu'il écoute,
Le zèle cherche à prendre une diverse route.   (Othon, v. 1601 f.)

so hat er doch des öfteren ausgesprochen[1]), dass der König den Rat von Ministern hören solle und sich auch hierin mit den Ansichten Ludwig's XIV. in Übereinstimmung befunden (Oeuvres de Louis XIV., Bd. II, S. 283 f.).

2. Die Pflichten der Unterthanen gegen Fürst und Vaterland.

Entsprechend der unbeschränkten Machtbefugnis der Herrscher sind die Beherrschten ohne Ausnahme zu unbedingtem Gehorsam verpflichtet[2]).

Wenn ein König befiehlt, muss der Unterthan schweigen[3]); wenn der Herrscher seinem Willen Ausdruck gegeben hat, gehorcht der Unterthan[4]). Denn wer eine Krone recht zu tragen versteht, liebt nicht, wenn er einmal seinen Willen ausgesprochen hat, dass jemand von den Unterthanen widerspricht[5]).

Vom Ungehorsam muss den Unterthan schon das tiefe Gefühl des Respektes vor dem Herrscher zurückhalten. Und zu diesem Gefühl ist er zu jeder Zeit verpflichtet[6]).

Ungehorsam darf auch der Adlige, so bevorzugt seine Stellung auch vor der des gewöhnlichen Unterthanen sein mag (s. u. S. 113 ff.) niemals sein. Es ist ein Vertreter des Adels, der die Worte spricht:

Mais on doit ce respect au pouvoir absolu,
De n'examiner rien quand un roi l'a voulu.« (Cid, v. 163 f.)

Im »Don Sanche« sehen wir wohl einen Adel, der, im Vollgefühl seiner besonderen Stellung eifersüchtig wachend für die Aufrechterhaltung aristokratischer Grundsätze, manch kühnes Wort

---

[1]) Un sage conseiller est le bonheur des rois. (Pompée, v. 716.)
Parmi les vérités il en est de certaines
Qu'on ne dit point en face aux têtes souveraines,
Et qui veulent de nous un tour, un ascendant
Qu'aucun ne peut trouver qu'un ministre prudent. (Pulchérie, v. 617 ff.)
[2]) Sogar auf die Tierwelt wird diese allmächtige Wirkung des Herrscherbefehls ausgedehnt: die Ungeheuer im »Toison d'Or« halten ehrfurchtsvoll still beim Befehl einer Königin (s. Toison d'Or, v. 1352 ff.)
[3]) Et lorsque un roi prononce, un sujet doit se taire. (Agésilas, v. 1047.)
[4]) Pulchérie: . . . Je parle, obéissez!
Léon: J'obéis donc à cet ordre suprême. (Pulchérie, v. 1728.)
[5]) Viriate: Je suis reine, et qui sait porter une couronne,
Quand il a prononcé, n'aime point qu'on raisonne. (Sertorius, v. 1393 f.)
[6]) On doit toujours respect au sceptre, à la couronne. (Médée, v. 541.)

spricht, der aber doch vor dem Machtwort der souveränen Gewalt Gehorsam leistend, zurücktritt; denn er weiss, was er der Krone schuldig ist[1]). Der Reihe nach erklären die Vertreter des Adels der Königin Isabella, gehorsam ihrem Willen zu sein. D. Lope kennt seine Pflicht, wenn er sagt:

»C'est à nous d'obéir, et non d'en murmurer.« (Don Sanche, v. 155.)

D. Manrique sieht in dem Umstand, dass eine Königin sich in irgend einer Weise beschränken lässt, eine Verminderung der königlichen Würde[2]). Er und D. Alvar kommen schliesslich zu der Erklärung: »je jure d'obéir.«

Die Prinzessin Elvire weiss, dass gerade »die ersten Unterthanen am besten gehorchen«[3]). Sogar ein Fürstensohn, wie Nicomedes, ist zum Gehorsam verpflichtet. Nicht soll er, so mahnt ihn sein Vater in der während der Unruhen der Fronde geschriebenen Tragödie, dem Volke und dem Hofe das schlechte Beispiel seines Ungehorsams geben, vielmehr erkennen lassen, dass gerade die ersten Unterthanen am besten gehorchen[4]).

Die Königin Isabella betrachtet die Schwestern der Grossen nur als ihre premières sujettes« (Don Sanche, v. 986).

Gegenüber dieser thatsächlichen Unterordnung der Grossen unter die königliche Gewalt bedeutet es wenig, wie der Gehorsam geleistet wird, dass, wie D. Manrique einmal sagt, der Gehorsam ohne innere Zustimmung erfolgt[5]).

Anders freilich im »Cid«. Hier findet von seiten des Grafen

---

[1]) Notre orgueil n'est pas tel qu'il s'attache aux personnes,
Ou qu'il ose oublier ce qu'il doit aux couronnes. (Don Sanche, v. 1213 f.)

[2]) Je vous dirai pourtant . . . .
Que pour faire un vrai roi, vous le fassiez en reine,
Que vous laissez borner, c'est vous-même affoiblir
La dignité du rang qui le doit ennoblir.   (Don Sanche, v. 165 ff.)

[3]) Le digne sang des rois n'a point d'yeux que leurs yeux,
Et leurs premiers sujets obéissent le mieux. (Don Sanche, v. 1499 f.)

[4]) Le peuple qui vous voit, la cour qui vous contemple,
Vous désobéiront sur votre propre exemple :
Donnez-leur-en un autre, et montrez à leurs yeux
Que nos premiers sujets obéissent le mieux.   (Nicomède, v. 511 ff.)

[5]) Agissez donc enfin, Madame, en souveraine,
Et souffrez qu'on s'excuse, ou commandez en reine;
Nous vous obéirons, mais sans y consentir. (Don Sanche, v. 989 ff.)

Gormas thatsächlich ein Widerstand gegen die Gewalt des Königs statt. Ein faktischer Ungehorsam spricht aus den Worten: Désobéir un peu n'est pas un si grand crime.«
(Cid, v. 366.)
Einmal müssen wir, wenn wir diese Darstellung verstehen wollen, berücksichtigen, dass es gerade im »Cid« dem Dichter viel weniger darauf ankam,· das Verhältnis des einzelnen zum Staat nach seiner Auffassung darzustellen, als vielmehr, wenn wir so sagen dürfen, den privaten Kampf zwischen Ehre und Liebe. Ferner werden wir nicht übersehen dürfen, dass Corneille aus seiner spanischen Vorlage nicht nur den Stoff, sondern auch die Komposition und die Charaktere zum grösseren Teil herübergenommen hat. Die ganze Entwicklung des Cidstoffes in Spanien führte nun in dem Stücke Castro's zu einer recht schwächlichen Darstellung des Königtums, dem gegenüber die Grossen um so mächtiger und selbstbewusster erschienen. In einer früheren Fassung des Stoffes, in der Cronica rimada erschien ja der Cid Campeador geradezu als der Vertreter der Grossen gegenüber dem absoluten Königtum.

Corneille hat nun, eben weil es ihm in diesem Stück weniger auf die Politik ankam, das Verhältnis des Grafen Gormas zu seinem König fast unverändert[1]) von Guillem de Castro herübergenommen.

Dass er im »Cid« den König überhaupt nicht entsprechend der Vorstellung seines Herrscherideals gezeichnet hat, hat der Dichter ja später im Examen zu »Clitandre« ausgesprochen.

Diesem einen Fall von Ungehorsamkeit eines Edlen gegen den König können wir nun, wie wir oben sahen, eine ganze Reihe von Fällen entgegenstellen, wo der Adel strikten Gehorsam leistet. Und noch mehr: wo es sich um Höheres als blinden Gehorsam, wo es sich um treuen Dienst oder gar um Einsetzung des eignen Lebens für den König und den Staat handelt, da stehen bei Corneille die Adligen immer in der ersten Reihe. Denn der Gehorsam erschöpft nicht die Pflichten der Unterthanen: Gut und

---

[1]) Im Interesse der Würde des Königtums lässt Corneille den König beim Streit des Don Diègue und des Don Gormas abwesend sein. In der spanischen Vorlage wird die verhängnisvolle Ohrfeige in Gegenwart der allerhöchsten Majestät verabreicht.

Blut schulden die Unterthanen dem Herrscher[1]). Der König kann mit ihrem Blute wie mit eignem Besitztum schalten. Wenn er über das Leben verfügt, so muss der Unterthan denken, dass es nicht ohne gerechte Ursache geschieht[2]). Glücklich werden die Unterthanen gepriesen, die mit ihrem Blute das ihrer Könige bezahlen können[3]). Zu diesem Zweck erscheint das Leben eines ganzen Volkes herrlich angewendet[4]), wenigstens nach der Ansicht von Fürsten.

Das Verhältnis der Unterthanen zum Fürsten wird öfters noch im mittelalterlichen Sinn als Dienstverhältnis aufgefasst. Wer seinem König am besten dient, thut nur seine Pflicht[5]). In dieser Pflichterfüllung liegt zugleich der Lohn für die Unterthanen[6]).

Fast wie ein Rechtsanspruch erscheint die Forderung, die der König an das Leben des einzelnen hat. Der überlebende Horatier sieht, nachdem er die Schwester getötet, das Mittel, seinen Ruhm zu bewahren, im Tod. Da aber sein Blut seinem König gehört, so wagt er nicht, es ohne dessen Erlaubnis zu vergiessen[7]). Der

---

[1]) Je n'ai goutte de sang qui ne soit à mon roi.   (Suréna, v. 1355.)
Je lui dois en sujet tout mon sang, tout mon bien;
Mais si je lui dois tout, mou cœur ne lui doit rien. (Suréna, v. 1523.)

[2]) Sire, on se défend mal contre l'avis d'un roi,
Et le plus innocent devient soudain coupable,
Quand aux yeux de son prince il paroit condamnable.
C'est crime qu'envers lui se vouloir excuser:
Notre sang est son bien, il en peut disposer;
Et c'est à nous de croire, alors qu'il en dispose,
Qu'il ne s'en prive point sans une juste cause.   (Horace, v. 1538 ff.)

[3]) Heureux sont les sujets, heureuses les provinces
Dont le sang peut payer pour celui de leurs princes!
(Andromède, v. 304 f.)

[4]) Le sang de tout un peuple est trop bien employé
Quand celui de ses rois en peut être payé.   (Andromède, v. 724 f.)
Le peuple est trop heureux quand il meurt pour ses rois.
(Oedipe, v. 464).

[5]) Qui sert le mieux son roi ne fait que son devoir.   (Agésilas, v. 26.)
. . . et vous devez savoir
Que qui sert bien son roi ne fait que son devoir.   (Cid, v. 371 f.)

[6]) Quand je vous ai servi, j'ai reçu mon salaire,
Seigneur, et n'ai rien fait qu'un sujet n'ait dû faire. (Suréna, v. 789 f.)

[7]) Mais sans votre congé mon sang n'ose sortir:
Comme il vous appartient, votre aveu doit se prendre;
C'est vous le dérober qu'autrement le répandre.   (Horace, v. 1586 ff.)

Christ Polyeucte, wie die Heidin Pauline sind darin einig, dass sie das Leben dem König und dem Staat schulden. Polyeucte weicht nur insofern ab, als er Gott ein Vorrecht vor dem König einräumt[1]. Die Pflichten der Unterthanen gegen den Herrscher sind bei Corneille identisch mit den Pflichten gegen den Staat, gegen das Vaterland[2]. Auch hierin zeigt sich Corneille als Anhänger der absoluten Monarchie; denn in ihr sind in der That Staat und Monarch identifiziert[3]. Wer dem Befehl des Herrschers nicht gehorcht, schädigt damit das Staatsinteresse und »fait brèche au pouvoir souverain«[4]. Wer sich mit der Wahl, die der König getroffen, nicht einverstanden erklärt, macht einen frevelhaften Angriff auf die höchste Staatsgewalt[5].

Die Identifizierung von Staat und Monarch macht die Verpflichtungen der Unterthanen natürlich viel enger, auch moralisch viel bindender, als wenn der Staat als leere Abstraktion neben dem Herrscher steht. Treue und Liebe gegen den Herrscher

---

[1] Voilà de vos chrétiens les ridicules songes;
Voilà jusqu'à quel point vous charment leurs mensonges:
Tout votre sang est peu pour un bonheur si doux!
Mais pour en disposer, ce sang est-il à vous?
Vous n'avez pas la vie ainsi qu'un héritage;
Le jour qui vous la donne en même temps l'engage:
Vous la devez au prince, au public, à l'État. (Polyeucte, v. 1199 ff.)
und:
Je dois ma vie au peuple, au prince, à sa couronne,
Mais je la dois bien plus au Dieu qui me la donne:
Si mourir pour son prince est un illustre sort,
Quand on meurt pour son Dieu, quelle sera la mort!
(Polyeucte, v. 1211 ff.)

[2] Für Vaterland gebraucht Corneille noch vorwiegend den Ausdruck der älteren Sprache: pays. Im »Horace« z. B. braucht er ihn etwa über drei Mal so oft als das moderne »patrie« (22 : 7). Ebenso oft wie patrie wird auch État im Sinne von Vaterland gebraucht.

[3] s. Bluntschli, Deutsches Staatswörterbuch, VI, 711.

[4] L'intérêt de l'État vous doit seul regarder.
Prenez-en aujourd'hui la marque la plus haute;
Mais gardez-vous aussi d'oublier votre faute;
Et comme elle fait brèche au pouvoir souverain,
Pour la bien réparer, retournez dès demain . .
Remettez en éclat la puissance absolue. (Nicomède, v. 502 ff.)

[5] S'attaquer à mon choix, c'est se prendre à moi-même,
Et faire un attentat sur le pouvoir suprême. (Cid, v. 605 f.)

sind gleich Treue und Liebe gegen das Vaterland. Die Vaterlandsliebe wird von unserem Dichter immer in einer für die Zeit auffallenden Stärke betont und als höchstes Gut gepriesen. Da, wie für den Herrscher selbst, auch für den Unterthanen das Interesse des Staates, des Vaterlandes das Höchste ist, so müssen auch beim Unterthanen dieser Pflicht gegenüber alle anderen zurücktreten. Auch bei ihm geht das Interesse des Staates den Pflichten der Liebe, der Familie und dem Wohl und Wehe der eignen Person vor. So sagt Curiatius zur Camilla:

»Avant que d'être à vous, je suis à mon pays.«
(Horace, v. 562.)

Von ihrem Vater sagt Camilla in demselben Stück:
»Ne preféere-t-il point l'État à sa famille?
Ne regarde-t-il point Rome plus que sa famille?«
(Horace, v. 255 f.)

Mit seinem eignen Leben ist der Unterthan seinem Vaterland verpflichtet[1]). Don Rodrigo im »Cid« weiss sehr wohl, dass er für das Wohl des Vaterlandes sogar sein Leben in die Schanze schlagen muss, und dass er damit nur seine Pflicht als Unterthan thut[2]). Wenn er seinen König, sein Volk und sein Vaterland verteidigend nicht tapfer kämpft, wird er Verrat üben[3]). Es ist besonders kennzeichnend für Corneille's Gesinnung, dass Rodrigo aus dem Konflikt, in den er geraten ist, herauskommt, indem er auf den Rat seines Vaters sich dem Dienst des Vaterlandes widmet. Auch der Chimene erscheint der Tod für das Vaterland kein trauriges Geschick, vielmehr »ein schöner Tod, durch den man sich unsterblich macht«[1]).

Der junge Horatier verkündet es als eine speziell römische Tugend, nicht nur für das Vaterland zu sterben, sondern ihm auch das, was man liebt, zu opfern, zu kämpfen gegen ein zweites

---

[1]) Il est de tout son sang comptable à sa patrie.   (Horace, v. 1027.)
[2]) Je sais trop bien que je dois au bien de votre empire
    Et le sang qui m'anime, et l'air que je respire;
    Et quand je les perdrai pour un si digne objet,
    Je ferai seulement le devoir d'un sujet.   (Cid, v. 1233 ff.)
[3]) Mais défendant mon roi, son peuple et mon pays,
    A me défendre mal je les aurois trahis.   (Cid, v. 1487 f.)
' Mourir pour le pays n'est pas un triste sort;
    C'est s'immortaliser par une belle mort.   (Cid, v. 1307 f.)

Selbst[1]). Und sein Vater sagt, dass man ungerechter Weise über häusliche Verluste weint, wenn man aus ihnen Siege des Vaterlandes hervorgehen sieht[2]).

Der Kaiser gilt dem Felix im »Polyeucte« mehr als die eigne Familie[3]). Nur an die Pflichten des Vaterlandes zu denken, ruft der alte Horatius dem in den Kampf ziehenden Sohn nach[4]). Wie in keinem anderen Stück ist im »Horace« das Vaterland und sein Glück das höchste Ziel alles Strebens. Das Glück der grösseren Gemeinschaft schafft auch dem einzelnen, so grosse Opfer er auch hat bringen müssen, eigne Glückseligkeit[5]).

Für ein edles Herz hat der Tod für das Vaterland seine Reize, Ruhm nur folgt ihm nach, und so erscheint es dem Horatier geradezu unbegreiflich, wie man den für das Vaterland Sterbenden beweinen kann[6]). Er wird mit Freude dazu bereit sein, wozu ihn auch immer sein Vaterland ausersehen hat. Das Recht, das das Vaterland an ihn und seine Dienste hat, ist ihm ein »heiliges und geheiligtes Recht« und löst alle anderen Bande[7]).

[1]) Mourir pour le pays est un si digne sort,
Qu'on brigueroit en foule une si belle mort;
Mais vouloir au public immoler ce qu'on aime,
S'attacher au combat contre un autre soi-même,
Attaquer un parti qui prend, pour défenseur
Le frère d'une femme et l'amant d'une sœur,
Et rompant tous ces nœuds, s'armer pour la patrie,
Contre un sang qu'on voudroit racheter de sa vie,
Une telle vertu n'appartenoit qu'à nous. (Horace, v. 441 ff.)

[2]) On pleure injustement des pertes domestiques,
Quand on en voit sortir des victoires publiques. (Horace, v. 1175 f.)

[3]) Les Dieux et l'Empereur sont plus que ma famille. (Polyeucte, v. 930.)

[4]) Ne pensez qu'aux devoirs que vos pays demandent. (Horace, v. 704.)

[5]) Sur leur ordre éternel mon esprit se repose:
Il s'arme en ce besoin de générosité
Et du bonheur public fait sa félicité. (Horace, v. 980 ff.)

[6]) Quoi, vous me pleureriez mourant pour mon pays!
Pour un cœur généreux ce trépas a des charmes;
La gloire qui le suit souffre point de larmes. (Horace, v. 398 ff.)

[7]) Contre qui que ce soit que mon pays m'emploie,
J'accepte aveuglément cette gloire avec joie;
Celle de recevoir de tels commandements
Doit étouffer en nous tous autres sentiments,

Die Thaten, die aus dieser strengen Auffassung der Pflichten gegen das Vaterland hervorgehen, sind furchtbar, sprechen jedem menschlichen Gefühl Hohn, so dass die Frauen des Stückes, so vaterlandsliebend sie auch sind Sabine spricht einmal bezeichnender Weise von ihrer Vaterstadt Alba als ihrer »ersten Liebe«[1] — nur mit Spott und Bitterkeit von dem so viel gerühmten »zèle du pays« sprechen. Der Held des Stückes wird ja sogar zum Verbrecher, indem er die Schwester tötet, die dem Vaterland flucht und mit diesem »ungeheuerlichen« Beginnen ihrer Familie entsagt[2]; die Entwicklung des Stückes und das schliessliche Urteil des Königs aber rechtfertigen die Auffassung der beiden Horatier und sprechen den Helden, der nach dem Gesetz schuldig ist, für die Rettung des Staates frei[3] (über dieselbe Lösung des Konflikts im »Cid« s. S. 108 und S. 114).

Wenn Corneille die Liebe zum Vaterland in einer alle anderen Gefühle überwältigenden Form darstellte, wenn er Verhältnisse schuf, in denen sie auf die denkbar härteste Probe gestellt wird, so hat er seinem Volk ein Ideal aufgestellt, dessen Erreichung er ihm vielleicht nicht zutraute, das aber immer anfeuernd und stärkend auf die patriotische Gesinnung des Volkes zu wirken vermochte.

In anderen Stücken erscheint die Vaterlandsliebe in milderem Lichte als im »Horace«. Inniges Heimatsgefühl, das ja alle Zeiten und politischen Formen lebenskräftig überdauert, spricht aus den Worten des Pompejus:

»Il est doux de revoir les murs de la patrie.« (Sertorius, v. 925.)

Vaterlandsliebe und Sehnsucht des in der Ferne Weilenden nach der Heimat sind dem Sertorius besondere Eigenschaften seiner Römer[4].

    Qui, près de le servir, considère autre chose,
    A faire ce qu'il doit lâchement se dispose;
    Ce droit saint et sacré rompt tout autre lien.
    Rome a choisi mon bras, je n'examine rien. (Horace, v. 491 ff.)
[1] Albe, mon cher pays et mon premier amour. (Horace, v. 30.)
[2] Qui maudit son pays renonce à sa famille. (Horace, v. 1328.)
[3] Vis donc, Horace, vis, guerrier trop magnanime:
    Ta vertu met ta gloire au-dessus de ton crime. (Horace, v. 1759 f.)
[4] Mais nos Romains, Madame, aiment tous leur patrie;
    Et de tous leurs travaux l'unique et doux espoir,
    C'est de vaincre bientôt assez pour la revoir. (Sertorius, v. 1358 ff.)

Chalciope rühmt die Vaterlandsliebe der Griechen, die sie immer wieder in die Heimat zurücktreibe¹).
Unaufhörlich wird das Handeln im Interesse des Staates, das Opferbringen für das »gemeinsame Glück« gepriesen²). In Lysander wird uns ein Held geschildert, der von sich sagen kann: »J'ai tout fait pour l'État, et n'ai rien fait pour moi.«
(Agésilas, v. 1059 ff.)
In welchen Fällen begeht nun ein Unterthan ein Verbrechen gegen den Herrscher, d. h. gegen den Staat? Man kann zweierlei Arten von Staatsverbrechen unterscheiden: eine mehr aktive und eine passive Art. Erstere besteht, wie wir sahen, in direktem Ungehorsam. Sich gegen den Herrscher aufzulehnen, ihn anzugreifen, ist Ruchlosigkeit³), ist immer ein Frevel⁴). Auch der Höchststehende und Verdienstvollste wird sehen, wie König Ferdinand im Cid sagt, was es heisst, ungehorsam zu sein⁵).

Auch ein Handeln ohne direkten Befehl ist ein Verbrechen, und zwar, wie König Prusias im »Nicomède« sagt, »un crime capital« für jeden Unterthan, besonders aber für einen Feldherrn. Wäre nicht Nicomedes der Königsohn, so müsste er, der ein solches Verbrechen begangen, mit dem Tode büssen⁶).

Aber nicht nur die ausgeführte That, sondern auch schon der Gedanke an sie ist ein Staatsverbrechen:
»Tout son peuple est blessé par un tel attentat,
Et la seule pensée est un crime d'État.« (Cinna, v. 1251 f.)

---

¹) Je les connois un peu, veuve d'un de leurs princes;
Ils ont aversion pour toutes nos provinces;
Et leur pays natal leur imprime un amour
Qui partout les rappelle et presse leur retour. (Toison d'Or, v. 381 ff.)
²) Et la Reine à tel point n'asservit pas mon cœur,
Qu'il ne fasse encor tout pour le commun bonheur. (Sertorius, v. 207 f.)
Mais je n'ai point douté qu'il ne fût d'un grand cœur
De tout sacrifier pour le commun bonheur. (Sertorius, v. 1271 f.)
³) . . . .
Quelle est l'impiété de se prendre à son maitre. (Othon, v. 1618.)
⁴) Mais jamais sans forfait on ne se prend aux rois. (Oedipe, v. 1348.)
⁵) Fût-il la valeur même, et le dieu des combats,
Il verra ce que c'est que de n'obéir pas. (Cid, v. 567 f.)
⁶) Abandonner mon camp en est un capital,
Inexcusable en tous, et plus au général;
Et tout autre que vous, malgré cette conquête,
Revenant sans mon ordre, eût payé de sa tête. (Nicomède, v. 477 ff.)

Die andere, mehr passive Art des Staatsverbrechens besteht darin, dass ein Unterthan an Macht oder an Tugend« grösser ist als der Herrscher. Stolz, des geleisteten Verdienstes sich bewusstes Auftreten gefällt dem Herrscher nicht. »Ce sont fausses vertus que des vertus si fières«, sagt Parcorus im »Suréna« (v. 1362). Wenn der Unterthan zu mächtig geworden, so ist er schon durch dieses Faktum allein, ohne irgend welches Vergehen begangen zu haben, nicht mehr unschuldig[1]). Ist ein Unterthan gar der Nebenbuhler seines Königs, so »stösst er keinen Seufzer aus, ohne einen verbrecherischen Angriff zu machen«[2]). Sein wahres Verbrechen sieht Surena darin, dass er mehr »Namen und Tugenden« als sein König hat[3]).

Zu dieser passiven Art des Staatsverbrechens wollen wir schliesslich noch das blosse Nichtsagen, das Verschweigen eines dem Glück des Staates entgegenstehenden Hindernisses durch den Unterthanen rechnen[4]).

Das Verbrechen gegen den Staat erscheint bei Corneille als

---

[1]) Aussitôt qu'un sujet s'est rendu trop puissant,
Encor qu'il soit sans crime, il n'est pas innocent :
On n'attend point alors qu'il s'ose tout permettre ;
C'est un crime d'État que d'en pouvoir commettre ;
Et qui sait bien régner l'empêche prudemment
De mériter un juste et plus grand châtiment,
Et prévint, par un ordre à tous deux salutaire,
Ou les maux qu'il prépare, ou ceux qu'il pourroit faire.
(Nicomède, v. 433 ff.)

[2]) Un sujet qui se voit le rival de son maitre,
Quelque étude qu'il perde à ne le point paroître,
Ne pousse aucun soupir sans faire un attentat ;
Et d'un crime d'amour il en fait un d'État.
Il a besoin de grâce, et surtout quand on l'aime
Jusqu'à se révolter contre le diadème,
Jusqu' à servir d'obstacle au bonheur général. (Suréna, v. 1329 ff.)

[3]) Mon crime véritable est d'avoir aujourd'hui
Plus de nom que mon roi, plus de vertu que lui. (Suréna, v. 1511 f.)
Mon vrai crime est ma gloire et non pas mon amour. (Suréna, v. 1651.)

[4]) . . . un amant peut se taire ;
Mais d'un sujet au Roi, c'est crime qu'un mystère.
Qui connoît un obstacle au bonheur de l'État,
Tant qu'il le tient caché commet un attentat. (Suréna, v. 1173 ff.)

das schwerste von allen; denn bei ihm giebt es keine Verzeihung [1]), keine Entschuldigung [2]).

3. Besondere Stellung des Adels.

Tugend im weitesten Sinne des Wortes und legitime Abstammung waren, wie wir sahen, die Grundbedingungen des von Corneille aufgestellten Herrschertums. Tugend und edle Geburt müssen sich auch in den rechten Vertretern des Adels vereinigen. Die Tugend verleiht ursprünglich den Adel und erbt sich von Geschlecht zu Geschlecht. Wer die Tugend verlässt, giebt damit zugleich den Adel auf. So sagt der Vater zum Sohn in einer der schönsten und wirksamsten Szenen des »Menteur«:

»Et dans la lâcheté du vice où je te voi,
Tu n'es plus gentilhomme, étant sorti de moi.«
(Le Menteur, v. 1515 f.)

und:

Qui se dit gentilhomme, et ment comme tu fais,
Il ment quand il le dit, et ne le fut jamais.
(Le Menteur, v. 1519 f.)

Öfters aber werden uns Edle geschildert, in denen die beiden oben genannten Forderungen erfüllt sind, Edle, von denen man mit den Worten des Heraclius sagen kann:

»La générosité suit la belle naissance.« (Héraclius, v. 1603.)

Da Corneille — im Sinne des französichen Klassizismus — mit Vorliebe fürstliche Personen zu Helden seiner Werke macht, so sind es auch nur wenige Dramen, in denen der Adel im Vordergrund der Handlung steht und nicht nur die Staffage bildet. Um so vorteilhafter wird aber in diesen paar Stücken der Adel gezeichnet. Sahen wir ihn im »Horace« die höchste Auffassung von den Pflichten gegen das Vaterland bekunden, sahen wir hier den Adligen vorwiegend in seinem Verhältnis zum Staat erfasst, so finden wir ihn im »Cid« mehr als Individuum dargestellt.

Freilich kommt auch hier der Held in die Lage, für die grössere Gemeinschaft des Staates zu kämpfen und sein Höchstes einzusetzen; der Kern der Handlung ist aber der Konflikt zwischen Liebe und der höchsten adligen Tugend, der Ehre. Don Rodrigo

---

[1]) On ne pardonne point en matière d'État.   (Othon, v. 1491.)
[2]) Et toute excuse est vaine en un crime d'État.   (Cinna, v. 1584.)

erscheint überhaupt als das Ideal des adligen Helden. Er ist noch jung, aber bei Edelgeborenen wartet Mannhaftigkeit nicht auf die Zahl der Jahre¹). Durch seine erste That hat er sich der Helden seines Geschlechtes, des Adels seiner Ahnen würdig erwiesen²), denn er hat seinem Geschlecht das höchste Gut der Edlen: die Ehre wieder erobert. Will Graf Gormas lieber das Glück als die Ehre aufgeben³), so setzt Don Rodrigo im Kampf um die Ehre nicht nur das Leben, sondern ein zweites Selbst, die Geliebte Chimene, ein.

Indem nun D. Rodrigo und D. Gormas den Zweikampf um die Ehre kämpfen, begehen sie ein Verbrechen gegen den Staat. Don Gormas fällt im Streit und entzieht sich dadurch der irdischen Gerechtigkeit. D. Rodrigo aber ist der Strafe verfallen. Und wie im ›Horace‹ die grossen Thaten für das Vaterland dem Helden die königliche Nachsicht für den Schwestermord einbringen, so löscht auch hier der Held seine Schuld aus durch seinen heldenmütigen Kampf für das Vaterland. Nur durch die Bethätigung der höchsten staatsbürgerlichen Tugend kann er sich Gnade für das grösste der Verbrechen, dasjenige gegen den Staat, erwirken.

Die im Stück zum Ausdruck kommende Auffassung, die ganze Tendenz, sollte schon von der Meinung abhalten, dass hier der Dichter das Duell, das gerade in jenen Jahren von der Regierung Richelieu's auf's Schärfste bekämpft wurde, habe verherrlichen wollen. Einzelne Stellen aber konnten ein Publikum, das überall Anspielung auf die herrschenden politischen Zustände sah, freilich zu einer solchen Meinung verleiten. Wir wissen heute, dass die Stelle, die wohl den meisten Anstoss erregen musste (acte II, scène 1, vermutlich nach v. 368: Ces satisfactions n'apaisent point etc.) eine Übertragung des entsprechenden Textes bei

---

[1] Je suis jeune, il est vrai; mais aux âmes bien nées
La valeur n'attend point le nombre des années.   (Cid, v. 405 f.)
[2] Ma valeur n'a point lieu de te désavouer:
Tu l'as bien imitée, et ton illustre audace
Fait bien revivre en toi les héros de ma race:
C'est d'eux que tu descends, c'est de moi que tu viens:
Ton premier coup d'épée égale tous les miens.   (Cid, v. 1028 ff.)
[3] Et l'on peut me réduire à vivre sans bonheur,
Mais non pas me résoudre à vivre sans honneur.   (Cid, v. 395 f.)

Guillem de Castro war. Auch hat sie ja der Dichter niemals drucken lassen. Ob unser Dichter der in den Kreisen des damaligen Adels herrschenden Ansicht war, dass die verletzte Ehre nur im Zweikampf wiederhergestellt werden könne, lässt sich nach alledem mit Sicherheit nicht behaupten. Lässt sich im Cid unmöglich eine Verherrlichung des Duells sehen, so müssen wir doch andererseits zugeben, dass mutloses Zurücknehmen oder eine Gesinnung, die sich zufrieden gab, wenn ein allerhöchster Befehl den Beleidiger der Ehre zur Unterwerfung unter das Urteil eines Schiedsgerichtes vermochte, nicht dem Adeligen nach dem Herzen Corneille's eigen sein konnte. Damit ist aber nicht gesagt, dass unser Dichter den aus frivolen Anlässen entstandenen und mit Grausamkeit durchgeführten Duellen der Zeit das Wort redete. Es wird doch niemand behaupten wollen, dass der Zweikampf im Cid aus einem frivolen Anlass entstanden sei. Als ruhe- und ordnungsliebender Mann, dem gerade in den Zeiten wildester adeliger Zügellosigkeit das Amt eines procureur des états de Normandie (1650) übertragen werden konnte, wird unser Dichter sicherlich mit der Regierung bezüglich einer offiziellen Bestrafung des Duells einverstanden gewesen sein, ohne deshalb in Fällen, wo es sich wirklich um die Ehre handelte, den Kämpfern im innersten Herzen die Sympathie und moralische Anerkennung zu versagen.

Das dritte Werk, in dem der Adel eine grössere Rolle spielt, ist der Don Sanche d'Aragon«. Entsprang schon im »Cid die Handlungsweise der Chimene weniger dem Gefühl kindlicher Liebe und Pietät gegen den Vater als dem Bestreben die Standesehre zu wahren, so tritt in den Reden und Gesinnungen der hier auftretenden Adligen das Konventionelle ganz in den Vordergrund.

D. Manrique ist von dem tiefen Gefühl der Verantwortlichkeit durchdrungen, für den Adel seines Blutes und seine Reinerhaltung nicht nur den Vorfahren, von denen er es geerbt, sondern auch der Nachwelt Rechenschaft schuldig zu sein[1]).

---

[1]) Mais disposer d'un sang que j'ai reçu sans tâche!
 Avant que le souiller il faut qu'on me l'arrache;
 J'en dois compte aux aïeux dont il est hérité,
 A toute leur famille, à la postérité. (Don Sanche, v. 933 ff.)

Auch den Adeligen des »Don Sanche« ist das Leben weniger teuer als die Ehre¹). Kluge Herrscher sollen deshalb niemals ihren Unterthanen etwas befehlen, was gegen die Ehre geht. Wenn die Unterthanen aus Gehorsam ehrlos handeln müssen, dann haben die Herrscher ihre Macht überspannt und beweisen, dass sie keinen rechten Gebrauch von ihr machen können²). Wie die Königin Isabella dies wohl beherzigt, so erscheint auch nirgends eine Andeutung, dass ein Zweikampf, der um der Ehre willen von Adeligen unternommen wird, gegen die Gesetze des Landes verstosse. Der Kampf, den die Grossen unternehmen wollen, der aber nicht zur Ausführung kommt, wird als ein durch den Gebrauch autorisierter und die Gesetze geregelter Kampf aufgefasst³).

In keinem anderen Stück wird mehr hervorgehoben als im Don Sanche wie hoch der Adel in Gesinnung und dem Range nach über dem Volke steht.

Das Blut der Adligen ist le bon sang« (v. 1255) im Gegensatz zu dem sang abject (v. 1680) des Volkes. Das Verdienst eines Bürgerlichen wird zwar anerkannt, aber zum wirklichen Adel fehlt ihm eben der hohe Rang. Und so hat der niedrig Geborene kein Recht, so heldenhaft er auch sein mag, Gleich-

---

¹) Et l'honneur aux plus grands cœurs est plus cher que la vie.
(Don Sanche, v. 450.)
²) Je sais ce que tu dis, et n'irai pas de front
Faire un commandement qu'ils prendroient pour affront.
Lorsque le déshonneur souille l'obéissance
Les rois peuvent douter de leur toute puissance;
Qui la hasarde alors n'en sait pas bien user,
Et qui veut pouvoir tout, ne doit rien pas tout oser.
(Don Sanche, v. 451. ff.)
und:
Je n'abuserai point du pouvoir absolu,
Pour défendre un combat entre vous résolu;
Je blesserois par là l'honneur de tous les quatre:
Les lois vous l'ont permis, je vous verrai combattre.
(Don Sanche, v. 583 ff.)
³)   C'est un pénible ouvrage
D'arrêter un combat qu'autorise l'usage,
Que les lois ont reglé, que les rois vos aïeux
Daignent assez souvent honorer de leurs yeux.
On ne s'en dédit point sans quelque ignominie,
Et l'honneur aux grands cœurs est plus cher que la vie.
(Don Sanche, v. 445 ff.)

stellung mit dem Adel zu erlangen. Die Grossen wollen sich nicht mit Karlos schlagen, weil er der vermeintliche Sohn eines Fischers ist[1]. Der Platz, den die Hofrangordnung den Adligen einräumt, ist ihm ebendeshalb versagt[2]. Und als er ihn doch einzunehmen wagt, da fahren die Grossen im Zorne auf, und D. Manrique giebt seiner Entrüstung und Geringschätzung dem grossen Feldherrn Karlos gegenüber mit den Worten Ausdruck: Un soldat bien remplir une place de comte!« (v. 193.) Wenn die Grossen nun aber in dem angeblichen Fischerssohn eine Gesinnung erkennen, die nach ihrer Meinung nur das Kennzeichen von Adligen ist, so helfen sie sich schliesslich damit, dass sie an dem niederen Ursprung des Karlos zu zweifeln beginnen und meinen, ihn habe die Gerechtigkeit des Himmels nimmermehr zugeben können[3]. Ein Zweifel, der ja durch die Erkennung des Karlos als Königssohn bestätigt wird. Dieser Schluss besagt nichts anderes, als dass nur der Mann von edler Abstammung der wahre Held sein kann und umgekehrt, dass der wahre Held nur ein Adliger sein kann.

Als schlechte Eigenschaft der Grossen bezeichnet Corneille die Eifersucht, die den Grossen natürlich ist«[1]), besonders wenn ihre Verdienste gleich gross sind, den Hass, den sie gegen einander hegen, und der sie immer zum Kampf treibt, so dass sie den Frieden nur als einen Aufschub des Kampfes betrachten[5]).

---

[1] Mais que, pour nous combattre, il faut que le bon sang
Aide un peu sa valeur à soutenir ce rang. (Don Sanche, v. 1255 f.)
Qu'il souffre cependant, quoique brave guerrier,
Que notre bras dédaigne un simple aventurier. (Don Sanche, v. 1263 f.)
[2] Mais enfin la valeur, sans éclat de la race,
N'eut jamais aucun droit d'occuper cette place. (Don Sanche, v. 245 f.)
[3] Non, le fils d'un pêcheur ne parle point ainsi,
Et son âme paroît si dignement formée,
Que j'en crois plus que lui l'erreur que j'ai semée.
Je le soutiens, Carlos, vous n'êtes point son fils:
La justice du ciel ne peut l'avoir permis;
Les tendresses du sang vous font une imposture,
Et je démens pour vous la voix de la nature. (Don Sanche, v. 1660 ff.)
[4] Plus un pareil mérite aux grandeurs nous appelle,
Et plus la jalousie aux grands est naturelle. (Pulchérie, v. 565 f.)
[5] La haine entre les grands se calme rarement:
La paix souvent n'y sert que d'un amusement. (Rodogune, v. 313 f.)

Sonst erscheinen bei Corneille die Vertreter des Adels aber nur im besten Lichte, und wir werden nicht fehl gehen, dies zum Teil dem Umstand zuzuschreiben, dass der Dichter sich selbst mit Stolz zum Adel bekannte. Im Jahre, das dem Cid« folgte, wurde der Vater des Dichters in den Adelstand erhoben, was allgemein als eine Ehrung des Dichters angesehen wurde. Der Einfluss der Königin Anna hätte das sicher nicht vermocht, wenn der König im »Cid« ein Lob der Selbstherrlichkeit des Rittertums« gesehen hätte.

Wahrscheinlich aus dem Jahre 1657 haben wir ein von Lalanne erst 1853 aufgefundenes Gedicht, worin der Dichter Ludwig XIV. um Bestätigung des Adelspatentes bittet. Welchen Wert Corneille dem Adelsprädikat beilegte, sagen am besten seine Verse selbst:

La noblesse, grand Roi, manquoit à ma naissance;
Ton père en a daigné gratifier mes vers,
Et mes vers annoblis ont couru l'univers
Avecque plus de pompe et de magnificence.
Ce fut là, de son temps, toute leur récompense,
Dont même il honora tant de sujets divers,
Que sur ce long abus tes yeux enfin ouverts
De ce mélange impur ont su purger la France.
Par cet illustre soin mes vers déshonorés
Perdront ce noble orgueil dont tu les vois parés,
Si dans mon premier rang ton ordre me ravale.
Grand Roi, ne souffre pas qu'il ait tout son effet,
Et qu' aujourd'hui ta main, pour moi si libérale,
Reprenne le seul don que ton père m'a fait.
(Poésies Diverses, No. 44, Bd. X, S. 135 f.)

4. Das Volk.

Wie das Königtum hoch über dem Adel steht, so erhebt sich dieser wiederum über das Volk. Aber die Scheidung bleibt bei Corneille nicht rein äusserlich. Er begründet vielmehr den Vorrang der beiden oberen Stände auf eine geistige und moralische Überlegenheit. Freilich geht er bei seiner Begründung recht äusserlich zu Werke. Eben weil die Vertreter jener beiden Stände in glänzender äusserlicher Stellung sich vom dritten Stande abheben, legte er ihnen eine Natur bei, die dem äusseren Glanz entspricht. Wie Guizot treffend bemerkt hat, verwechselt er diesen Glanz mit der Natur; und indem er infolgedessen keine andere bei ihnen vermutet als diejenige, die zu ihrem Range gehört, geht er so weit, die Tugenden nach der Rangordnung zu regeln und sie als Attribute zu betrachten, die man mit dem Kostüm eines neuen Standes erhält . (Guizot, ›Corneille et son temps«. Paris 1860, S. 222.)

Titus sagt in Beziehung auf seinen Vater:

J'ai pris ses sentiments lorsque j'ai pris sa place.‹

(Tite et Bérénice, v. 492.)

und im »Pertharite‹ heisst es:

.... un nouveau rang forme une âme nouvelle.‹

(Pertharite, v. 143.)

Dem Fürstentum in seiner erhabenen Herrschertugend, dem Adel mit den Idealen der Ehre und des Ruhmes steht nun die teils indifferente, teils geradezu niedrig denkende Masse des Volkes gegenüber. Ein Volk auf der Bühne, das um seine höchsten Güter kämpft und mächtig in die Entwicklung eingreift, kennt Corneille nicht. Der geringen Bedeutung entsprechend, die ihm für das Leben des Staates zugeteilt wird, erscheint es höchstens hinter der Bühne und kündigt lärmend sein Dasein an. Was wir sonst von ihm erfahren, hören wir aus dem Munde von Fürsten und Adligen.

Seine Pflicht verletzend erscheint das Volk im Oedipe«, und nur mit Verachtung wird von »den kleinen Seelen« gesprochen[1]). Die Unverletzlichkeit des gegebenen Wortes wurde besonders von den Fürsten gerühmt: die Angehörigen des Volkes halten ihre Versprechungen nur schlecht, sagt die Königin Arsinoë[2]). Als unbeständig hin und her schwankend, wenig geeignet, den Helden sicheren Nachruhm zu bewahren, als lärmende Masse, als »peuple

---

[1]) Leur devoir violé doit-il rompre le mien?
Les exemples abjects de ces petites âmes
Règent-ils de leurs rois les glorieuses trames?
Et quel fruit un grand cœur pourroit-il recueillir
A recevoir du peuple un exemple à faillir?   (Oedipe, v. 686 ff.)

[2]) Ces hommes du commun tiennent mal leurs promesses.

(Nicomède, v. 1044.)

stupide wird es vom alten Horatius geschildert[1]). Das Volk haftet mit seinem Urteil am Äusseren, sieht nur die Wirkung, nicht die treibende Ursache, und seine Wertschätzung richtet sich nach dem Erfolg[2]).

Männer, die aus dem Volk hervorgegangen und zu hohen Stellen berufen worden sind, können doch nicht ihre niedrige Abstammung in ihrer niedrigen Gesinnung verleugnen[3]).

Verächtlich heisst es im »Héraclius«: »Le peuple est stupide« (v. 50). Kleopatra wirft ihrer Vertrauten Laonice vor, dass sie niemals lerne, die Dinge anders zu sehen, als mit den Augen des gemeinen Volkes[4]).

Anderes Blut fliesst in den Adern des Edlen, anderes in denen des Volkes. Aus Schmutz hat der Himmel sein Blut geschaffen«[5]), so sagt D. Leonore, wenn sie vom Fischerssohn Karlos spricht.

Das einzige dramatische Werk Corneille's, in dem wir von einem energischen, den Gang der Entwicklung des Stückes be-

---

[1]) Horace, ne crois pas que le peuple stupide
Soit le maître absolu d'un renom bien solide.
Sa voix tumultueuse assez souvent fait bruit;
Mais un moment l'élève, un moment le détruit,
Et ce qu'il contribue à notre rennommée
Toujours en moins de rien se dissipe en fumée.
C'est aux rois, c'est aux grands, c'est aux esprits bien faits,
A voir la vertu pleine en ses moindres effets;
C'est d'eux seuls qu'on reçoit la véritable gloire;
Eux seuls des vrais héros assurent la mémoire. (Horace, v. 1711 ff.)
[2]) La peuple, qui voit seulement par l'écorce,
S'attache à son effet pour juger de sa force;
Il veut que ses dehors gardent un même cours,
Qu'ayant fait un miracle, elle en fasse toujours:
Après une action pleine, haute, éclatante,
Tout ce qui brille moins remplit mal son attente;
Il veut qu'on soit égal en tout temps, en tous lieux;
Il n'examine point si lors on pouvoit mieux,
Ni que, s'il ne voit pas sans cesse une merveille,
L'occasion est moindre, et la vertu pareille. (Horace, v. 1559 ff.)
[3]). Ainsi que la naissance, ils ont les esprits bas.
En vain on les élève à régir des États. (Pompée, v. 1195 f.)
[4]) N'apprendras-tu jamais, âme basse et grossière,
A voir par d'autres yeux que les yeux du vulgaire?
(Rodogune, v. 487 f.)
[5]) Mais son sang, que le ciel n'a formé que de boue. (Don Sanche, v. 46.)

stimmenden Handeln des Volkes zwar nicht sehen, aber doch hören, ist Nicomède. Und wie erscheint es uns hier? Es kämpft für eine edle Sache, es kämpft für den rechtmässigen Erben der Krone; für Nicomedes, dem seine Stiefmutter Arsinoë und römische Einwirkung um dieses Recht bringen wollen, und damit für seine nationale Selbständigkeit. Das erzürnte grosse Volk erscheint trotzdem schuldig; denn der Kampf, den es führt, ist eine Revolte gegen den regierenden König:

> Votre peuple est coupable, et dans tous vos sujets
> Ces cris séditieux sont autant de forfaits.«
> (Nicomède, v. 1693 f.)

Die Mitglieder der Königsfamilie nennen das Volk darum peuple sans foi oder peuple mutin (Nicomède, v. 1585 und v. 1650). Der weniger leidenschaftlich urteilende römische Gesandte rät, das Volk wieder zur Vernunft zu bringen[1]). Das Volk erscheint unzweifelhaft als schuldig, es wird aber wegen der edlen Motive und heilsamen Wirkungen seines Handelns Verzeihung vor dem König finden. Das anzunehmen, berechtigen uns des Helden Worte, die er gegen den Schluss des fünften Aktes ausspricht:

> Pardonnez à ce peuple un peu trop de chaleur
> Qu'à sa compassion a donné mon malheur;
> Pardonnez un forfait qu'il a cru nécessaire,
> Et qui ne produira qu'un effet salutaire.
> (Nicomède, v. 1793 ff.)

In jeder Hinsicht Rühmenswertes wird vom Volk selten gesagt. Wenn die urteilslose Masse einmal recht urteilt, so steht sie unter höherem Einfluss; denn der Himmel erleuchtet sie oft durch geheime Strahlen [2]). Den legitimen Herrscher vom Tyrannen zu unterscheiden, dazu fehlt ihm, wie wir sahen, die Fähigkeit nicht (Pertharite, v. 1366 f.), auch nicht, um zu erkennen, wenn die maximes d'État einen Angriff auf das öffentliche Wohl machen[3]).

---

[1]) Madame, voyez donc si vous serez capable
De rendre également ce peuple raisonnable. (Nicomède, v. 1539 f.)
[2]) Quoique vous présumiez de la voix populaire,
Par de secrets rayons le ciel l'éclaire:
Vous apprendrez par là du moins les vœux de tous,
Et quelle opinion les peuples ont de vous. (Don Sanche, v. 1201 ff.)
[3]) Tout son peuple a des yeux pour voir quel attentat
Font sur le bien public les maximes d'État. (Nicomède, v. 849 f.)

Martian wagt sogar die Vermutung auszusprechen, dass das Volk einer Königin einen etwaigen Treubruch vorwerfen könne; denn es tadle gern diejenigen, die ihm Gesetze geben[1]. Den kühnen Richter der Handlungen der Könige nennt es Eryxe in der Sophonisbe und spricht von der Frechheit des Volkes, mit der es blosse Titularkönige zurückweist[2].

Es möchte scheinen, als ob Corneille auch dem Urteile des Volkes Wert beimass, wenn wir uns an die bekannte Stelle aus einem seiner Briefe erinnern: Horace fut condamné par les duumvirs, mais il fut absous par le peuple (Bd. X, S. 432). Aber es macht den Eindruck, als habe sich der Dichter nur über ein von ihm erwartetes abfälliges Urteil der höheren Instanzen — Richelieu's und der Akademie — im voraus trösten wollen.

Wenn das Volk bei Corneille auch in geistiger Beziehung die unterste Stufe einnimmt, so entspricht das nur dem System des französischen Klassifizismus, in dem die Vernunft die Alleinherrschaft führt. Denn in seinem Thun lässt das Volk, wie wir oben sahen, die Leitung durch die Vernunft vermissen. In seinen Widersetzlichkeiten wie in seinem blinden Gehorsam dem Herrscher gegenüber, in seiner Liebe zum Vaterland folgt es mehr den impulsiven Regungen des Herzens als den Gesetzen der Vernunft, die bei den höheren Ständen jede Entscheidung bedingen.

Die lauten Äusserungen seines Zornes, seiner Entrüstung und seiner Teilnahme heben sich unvorteilhaft ab von den gewissermassen gedämpften Reden der Fürsten und Adligen. Hatte der alte Horatier, als er den Sohn zum Kampfe anfeuerte, jede menschliche Regung unterdrückt, so ging ein Murren des Unwillens durch die Reihen der beiden Heere, als die mitfühlenden Volksgenossen sahen, wie sich die nächsten Verwandten zum Kampf auf Leben und Tod anschickten (Horace, v. 782 ff.). Leisten die Adligen aus Gründen der Vernunft dem Staatsober-

---

[1] Le peuple aura peut-être une âme moins soumise;
Il aime à censurer ceux qui lui font la loi,
Et vous reprochera jusqu'au manque de foi. (Pulchérie, v. 790 f.)

[2] Des actions des rois ce téméraire arbitre
Dédaigne insolemment ceux qui n'ont que le titre.
Jamais d'un roi sans trône il n'eût souffert la loi. (Sophonisbe, v. 491 ff.)

haupt Gehorsam, so ist es ein geheimes Gefühl, das die gewöhnlichen Unterthanen zum rechtmässigen Herrscher treibt:
Et dans le fond des cœurs sa présence fait naître
Un mouvement secret qui les rend à leur maître.‹
(Pertharite, v. 1595 f.)

C. Staat und Kirche.

Corneille hatte seine Bildung im ›Collège des Jésuites‹ zu Rouen empfangen. Aus dem Ende der 60er Jahre haben wir zwei Gedichte von ihm, die beweisen, dass er seinen Lehrern ein dankbarer Schüler gewesen ist. Das Gedicht über die Siege des Königs (Bd. X, S. 192 ff.) vom Jahre 1667 ist eine Übersetzung aus dem Lateinischen des Jesuiten P. de la Rue. Corneille betrachtete diese Übersetzung, wie aus dem Vorwort an den Leser hervorgeht, als eine schöne Gelegenheit, den Ruhm des Königs leuchten zu lassen , und er freute sich de pouvoir donner par là quelque marque de reconnoissance aux soins que les pères jésuites ont pris d'instruire ma jeunesse et celle de mes enfants‹. Ebenso hat er in der Ode ›Au R. P. Delidel, de la Compagnie de Jésus, sur son traité de la théologie des saints (Bd. X, S. 220 ff.) dankbar seines Lehrers, der ihm lehrte, wie man ›das Laster bekriegt , gedacht.

Corneille war Zeit seines Lebens ein gläubiger Katholik und Anhänger der Staatsreligion. Das beweist seine Übersetzung der ›Imitation de Jésus‹, das beweissen auch seine geistlichen Dichtungen, wie die Louanges de la Sainte Vièrge‹, das Office de la Sainte Vièrge« u. a. Dass er die Übersetzung der Imitation nur aus religiösem Trieb verfasste, geht aus der Widmung an den Papst Alexander VII. hervor, wo er sagt: Je considérai ensuite que ce n'étoit pas assez de l'avoir si heureusement réduit à purger notre théâtre des ordures que les premiers siècles y avoient comme incorporées, et des licences que les derniers y avoient souffertes; qu'il ne me devoit pas suffire d'y avoir fait régner en leur place les vertus morales et politiques, et quelques-unes même des chrétiennes, qu'il falloit porter ma reconnoissance plus loin, et appliquer toute l'ardeur du génie à quelque nouvel essai de ses forces qui n'eût point d'autre but que le service de le grand maître et l'utilité du prochain.‹ (Bd. VIII, S. 5.)

Schon aus den politischen Ansichten Corneille's folgt, dass er Anhänger der herrschenden, der katholischen Staatsreligion sein musste. Deshalb kommen auch die Protestanten an den wenigen Stellen, wo er in seinen Werken von ihnen spricht, sehr schlecht weg.

Wenn er in den Triomphes de Louis le Juste« von der Wiederherstellung der kirchlichen Güter in Bearn (Edikt vom Oktober 1620) spricht, heisst es:

»Il prend l'honneur du ciel pour but de sa victoire,
Et la religion combat l'impiété.
Il tient dessous ses pieds l'hérésie étouffée.« (Bd. X, S. 107.)

Von La Rochelle, dem letzten Bollwerk der Protestanten, sagt er:

»Ici l'audace impie en son trône parut,
Ici fut l'arrogance à soi-même funeste:
Un excès de valeur brisa ce qu'elle fut;
Un excès de clémence en sauva ce qui reste.« (Bd. X, S. 110.)

Das Pazifikationsedikt von Nimes (27. Juni 1629), durch das die Protestanten aufhörten, einen Staat im Staat zu bilden, nennt er: Paix accordée aux chefs des rebelles (Bd. X, S. 112.)

Für die deutsche Reformation hat er die Bezeichnung: le fier insulte Que Luther et sa secte osoient faire au vrai culte« (A Monseigneur, sur son Mariage, v. 97, 98, Bd. X, S. 338).

Im Polyeucte« hat man einen Einfluss der jansenistischen Lehre sehen wollen, den auf unsern Dichter der Verkehr mit der Familie Pascal ausgeübt hätte. Jules Levallois hat aber in seinem Buch Pierre inconnu« (S. 330 ff.) nachgewiesen, dass zu der Zeit, in der der Polyeucte verfasst worden ist (1642-43), und in der Corneille allerdings auf bestem Fusse mit M. Étienne Pascal und seinen Kindern stand, die Familie des letzteren noch nichts von den Ideen von Port-Royal wusste. Sie begann erst im Jahre 1646, also 3 Jahre nach der ersten Aufführung des Polyeucte« und auch nach dem Erscheinen des Théodore« jansenistisch zu werden. Ausserdem ist der Polyeucte« der Königin-Mutter gewidmet, die immer eine erklärte Gegnerin der Schüler von Saint-Cyran war. Die Behauptung von dem religiösen Einfluss der Familie Pascal, die noch Sainte-Beuve vertritt, ist also zurückzuweisen.

Wenn auch die Gnade im Polyeucte eine grosse Rolle spielt, so tritt sie doch keineswegs in der jansenistischen Fassung auf, in der das ganze moralische Leben des Menschen auf sie zurückgeführt wurde. Bei der Lebensanschauung Corneille's, wie sie sich in seinen Bühnenwerken äussert, müssten wir uns wundern, in ihm einen Anhänger der jansenistischen Lehren von der Gnade und der Prädestination zu finden. Gerade die Freiheit des Willens ist die Voraussetzung der Tugend, die Corneille am meisten preist und den Herrschern empfiehlt: der Selbstüberwindung zu Gunsten eines höheren Interesses. Wenn er einen Stoff wie die Geschichte des Ödipus behandelte, wo ein blindes Fatum die Handlung beherrscht, so gab er in den Worten des Theseus seiner lebhaften Abneigung gegen die Lehre von der Prädestination Ausdruck:

> Quoi? la nécessité des vertus et des vices
> D'un astre impérieux doit suivre les caprices,
> Et Delphes, malgré nous, conduit nos actions
> Au plus bizarre effet de ses prédictions?
> L'âme est donc toute esclave: une loi si souveraine
> Vers le bien ou le mal incessamment l'entraine;
> Et nous ne recevons ni crainte ni désir
> De cette liberté qui n'a rien à choisir,
> Attachés sans relâche à cet ordre sublime,
> Vertueux sans mérite, et vicieux sans crime.
> Qu'on massacre les rois, qu'on brise les autels,
> C'est la faute des Dieux, et non pas des mortels.
> De toute la vertu sur la terre épandue,
> Tout le prix à ces dieux, toute la gloire est due.
> Ils agissent en nous quand nous pensons agir;
> Alors qu'on délibère on ne fait qu'obéir;
> Et notre volonté n'aime, hait, cherche, évite,
> Que suivant que d'en haut leur bras la précipite.
> D'un tel aveuglement daignez me dispenser.
> Le ciel, juste à punir, juste à récompenser,
> Pour rendre aux actions leur peine ou leur salaire,
> Doit nous offrir son aide, et puis nous laisser faire.

(Oedipe, v. 1149 ff.)

Auch mit der Waffe des Spottes, deren er sich sonst selten bedient, hat er die Gegner des »libre arbitre« angegriffen, und zwar in einem der 7 Epigramme, die er aus dem Latein des John Owen aus Wales (gest. 1622) »mehr nachgeahmt als übersetzt« hat (1632 publiziert). Das Epigramm lautet:

> Catin, ce gentil visage,
> Épousant un huguenot,
> Le soir de son mariage
> Disoit à ce pauvre sot:
> De peur que la différence
> En fait de religion,
> Rompant notre intelligence,
> Nous mette en division,
> Laisse-moi mon franc arbitre;
> Et du reste de la foi,
> Je veux avoir le chapitre,
> Si j'en dispute avec toi. (Bd. X, S. 48 ff.)

Über das Verhältnis von geistlicher und weltlicher Macht, das die politischen Schriftsteller bis in den Anfang des 17. Jahrhunderts so lebhaft erörterten, herrscht bei Corneille völlige Klarheit. Der König ist der Stellvertreter Gottes, folglich die höchste Gewalt im Land. Damit ist auch der Vorrang der weltlichen Macht vor der geistlichen ausgesprochen. Was die hervorragendsten Männer der Zeit, was Richelieu (Mémoires, XI, 217) und Villeroy (Discours de la vraye et légitime constitution de l'estat; s. Ranke II, S. 63), was Ludwig XIV. (Mémoires, II, 122) ausgesprochen, das war auch die Ansicht Corneille's. Gerade aus dem Umstand, dass der Dichter sich nirgends über diesen Punkt direkt ausgesprochen, dass er nirgends von besonderen Rechten der Kirche oder des Papsttums gesprochen, folgt, dass er den Vorrang der weltlichen vor der geistlichen Macht, den er ja auch thatsächlich in Frankreich vorhanden sah, für ganz selbstverständlich hielt und somit die Ideen der alten gallikanisch-nationalen Schule fortsetzte.

Es wird uns nicht befremden, wenn wir in den Märtyrertragödien Polyeucte und Théodore Stellen finden, in denen das himmlische Reich auf Kosten der irdischen Gemeinschaft gepriesen wird. Sie erklären sich aus der besonderen Art des Stoffes, und es widerspricht ja auch nicht den sonstigen Ansichten Corneille's, wenn der Tod für Gott noch höher geschätzt wird als der für den irdischen Herrn (s. besonders Polyeucte, v. 1211 ff.).

Gott ist eben der Herr der Herren, der König der Könige [1]), der absolute Monarch des Himmels und der Erde [2]). Vor Gott, vor dem alle Menschen gleich sind, hören die Pflichten gegen die Menschen auf [3]).

In sonderbarem Widerspruch zu dem scharfen Urteil über die Protestanten scheinen die Worte zu stehen, die Corneille einer der sympathischsten Gestalten des Polyeucte, dem Severus, in den Mund legt, und die uns an ein bekanntes Wort Friedrich's des Grossen erinnern:

J'approuve cependant que chacun ait ses Dieux,
Qu'il les serve à sa mode, et sans peur de la peine.
(Polyeucte, v. 1798 f.)

Corneille hatte wohl weniger die abweichende Glaubensmeinung der Protestanten als ihre staatsgefährlichen Bestrebungen, die besonders nach ihrer Vereinigung mit einer ihnen innerlich völlig fremden Partei, der Partei des Adels, offenbar wurden, im Auge, als er zu jenem absprechenden Urteil kam. Berücksichtigen müssen wir auch, dass jene dem modernen Menschen wegen ihrer Toleranz so sympathischen Worte von einem aufgeklärten römischen Heiden gesprochen werden und deshalb nicht die Meinung Corneille's auszudrücken brauchen.

---

[1]) Mais à vous dire tout, ce seigneur des seigneurs
Veut le premier amour et les premiers honneurs. (Polyeucte, v. 71 f.)
[var. Mais ce grand roi des rois, ce seigneur des seigneurs (1643—56).]
C'est le Dieu des chrétiens, c'est le maître des rois.
(Théodore, v. 873 ff.)
[2]) J'atteste ici le Dieu qui lance le tonnerre,
Ce monarque absolu du ciel et de la terre,
Et dont l'univers doit craindre le courroux. (Théodore, v. 593 ff.)
[3]) Les rois et les bergers y sont d'un même rang. (Polyeucte, v. 1529.)
Pour rendre compte aux Dieux tout respect humain cesse.
(Nicomède, v. 1260.)

Schlussbetrachtung.

Seit dem Beginn der französischen Renaissance war der erste grössere Vertreter einer Litteratur, in der das politische und patriotische Element einen grossen Teil des dargestellten Stoffes bildete, Pierre Ronsard.

Nach dem Dichter des Rolandsliedes hat keiner glühender und wirkungsvoller die »douce France« besungen als er. Wer das eigne Volk vom Stamme der Götter ableitete, es als Jupiter's »race légitime« betrachtete, musste ihm auch unter den Völkern der Erde die erste Stelle anweisen. Die Bestimmung der »grossen Nation« zur Weltherrschaft unterliegt schon bei ihm keinem Zweifel. Dieser weitschauende Patriotismus machte alle, die die ruhige Entwickelung des Staates im Innern hemmten, zu seinen Feinden. Wie seine Liebe zum Vaterland sich überschwänglich kundgab, so war er auch masslos in seinem Hass gegen die Hugenotten. Die Ketzerei war ihm die »peste du genre humain«. An der Spitze Frankreichs sollte ein grosser, vollendeter Herrscher stehen. Heinrich II. entsprach einigermassen dem Ideal des Dichters, aber die Sprache, die er Karl IX. gegenüber führt, findet auch Töne ernster Mahnung. Es ist uns weniger wichtig, inwiefern die verherrlichten Herrscher die Worte des Dichters wahr machten, als die Vorstellung, die der Dichter selbst sich von dem Ideal des Herrschers gebildet hatte, mochte er dabei auch den wirklich existierenden Königen manche Eigenschaft »andichten«.

Tugend und Vernunft sind nun in der Auffassung Ronsard's die Leitsterne für das Handeln der Herrscher. Welches im einzelnen die für einen Herrscher erforderlichen Tugenden sind, hat der Dichter in dem Erziehungsplan für Karl IX. angegeben. Besonders charakteristisch ist darin die humanistische Forderung, dass der König alles lernen und wissen solle. Wenn der Dichter als schlimmste Laster eines Herrschers den Geiz bezeichnet und als eine der höchsten Tugenden die Freigebigkeit feiert, wenn er den Frieden dem König besonders darum zur Wertschätzung empfiehlt, weil nur im Frieden seine Grossthaten der Nachwelt durch die Dichtung überliefert werden könnten, so erinnert er an die Auffassung der Spielleute im alten Frankreich, denen »largesse« die höchste Tugend war, und die über das Fortleben von Fürsten in der Dichtung nach den erhaltenen Belohnungen entschieden[1]).

In der Verherrlichung fürstlicher Personen hat Ronsard den Ton für das 17. Jahrhundert angegeben. Der Vergleich mit den Göttern kehrt bei ihm immer und immer wieder. Im Sinne des absolutesten aller Herrscher hat er, soweit wir sehen können, zum ersten Mal den später so viel gebrauchten Vergleich mit der Sonne angewendet[2]).

Während der letzten Lebensjahre des ganz auf dem Boden der unumschränkten Monarchie stehenden Ronsard erscheinen sodann oder treten in Wirksamkeit jene drei oppositionellen Werke, die nur aus der momentanen politischen Lage und dem protestantischen Geist der neuen Religion zu verstehen sind: die »Franco-Gallia«, die »Vindiciae contra tyrannos« und der Contre-un«. Produkte des Augenblicks bezeichnen sie deutlich eine der kritischsten Phasen der französischen Entwicklung, ohne aber für das folgende Jahrhundert wirksam sein zu können. Im Gegensatz zu den Juristen des römischen Rechts, aber doch mannigfach aus antiken Anregungen heraus, betonten die Franco-Gallia und die Vindiciae die Souveränität des Volkes, pries de la Boëtie die Freiheit als das höchste Gut und stellte lange vor der Revolution den Satz auf, dass alle Menschen gleich seien.

Schon Bodin kündigt den wiedererwachenden Geist des absoluten Regiments an, wenn er der Souveränität des Volkes die Souveränität des Fürsten, dessen Macht der des römischen paterfamilias entspricht, gegenüberstellt. Verwarf er den Staatsvertrag, den die vorigen zur Grundlage ihrer Beweisführung machten, so war er mit seiner Beschränkung des Herrschers durch das Sittengesetz einig mit ihnen im Gegensatz zu Machiavelli.

---

[1]) s. W. Hertz. Spielmannsbuch. Einl. S. XXXII. ff.

[2]) »le soleil . . . qui est assurément la plus vive et plus belle image d'un grand monarque«. (Louis XIV. Oeuvres, Bd. I, S. 196.)

Die Satire Ménippée setzt diese Richtung fort, indem sie an das nationale Bewusstsein appelliert, das in den Wirren der Zeit seit Ronsard vergessen schien, und mit dichterischer Beredtsamkeit das auch von päpstlicher Bevormundung freie absolute Herrschertum den Zeitgenossen als die einzige Rettung vor Augen führte.

Mit Malherbe sind wir mit einem Mal im vollen Glanz der neuen absoluten Monarchie. Was zunächst am meisten in die Augen fiel, das fordert er denn auch vom Herrscher überhaupt: glänzendes, hoheit- und machtvolles Auftreten. Göttlichen Ursprungs und Charakters sind seine Herrscher, und wie Ronsard vergleicht er sie mit den Himmelskörpern. Der König ist der Stellvertreter Gottes an Macht, wie an vollendeter Tugend und Güte. Staat und Monarch sind eins. Der Gehorsam der Unterthanen muss unbedingt sein. Ungehorsam und dumm sind Malherbe gleich bedeutende Begriffe. Wie der mittelalterliche Gefolgsmann soll der Unterthan in seinem Herrn leben und aufgehen. Das Aufgehen im Staatsdienst preist er als Richelieu's höchste Tugend.

In seinem Verhältnis zu Heinrich IV. und zur Regentin ist der immer Belohnung erwartende Malherbe der echte Hofdichter. Im Patriotismus übertrifft er fast Ronsard. Wie dieser ist er von einer künftigen Weltherrschaft seines Volkes fest überzeugt.

Corneille unterscheidet sich zunächst von seinen grossen Vorgängern in der Litteratur, von Ronsard und Malherbe, dadurch, dass er viel weniger Hofdichter ist als sie. Wohl hat auch er im königlichen Auftrag Ludwig XIII gefeiert und beim »Lob des mächtigsten der Könige (Les triomphes de Louis Le Juste, v. 51 f. Bd. X, S. 109) sich von Übertreibung nicht frei gehalten, wohl hat auch er Ludwig XIV. als den grössten aller Könige (Poésies Diverses, No. 50, v. 6 und No. 89, v. 49), in einem Dankgedicht für seine Pension als das vollendetste Ebenbild Gottes (Poésies Diverses, No. 65, v. 10) bezeichnet, seine Siege, auch solche, die er durch die blosse Wirkung seines Daseins und den Blick seines Auges erringt (Poésies Diverses, Nr. 69 und 89) und die unerreichbare Schnelligkeit seines Siegesfluges (Poésies Diverses, No. 72) besungen. Das sind aber alles nur Seltenheiten in der grossen Zahl seiner Werke, und wenn er die Grösse Ludwig's XIV. feierte, so hatte er recht; wenn er sich vom Glanze seiner Majestät auch einmal blenden liess, so können wir ihm daraus billiger Weise keinen Vorwurf machen. Dem Fürsten Lob zu sagen, hat ihm nie rechte Freude gemacht. Eine ganze Reihe seiner Gedichte an den König (Poésies Diverses, No. 69, 81, 83, 84) sind Übersetzungen oder Nachahmungen lateinischer Vorlagen. Er verstand nicht, wie er selbst einmal gesagt hat, »la méthode de louer (Poésies Diverses, No. 65, v. 29). Und wenn er lobt, dann geschieht es nie so kritiklos wie es seine Vorgänger thaten. Aus den Versen auf die Siege Ludwig's klingt gar manchmal ein leiser Ton des Vorwurfs über die unersättliche Eroberungssucht heraus (z. B. No. 89, v. 29 ff.), der sich zu lautem Tadel im Prolog zum Toison d'or steigert, wo er »Frankreich« sagen lässt:

»A vaincre tant de fois mes forces s'affoiblissent:
L'État est florissant, mais les peuples gémissent.
Leurs membres décharnés courbent sous mes hauts faits,
Et la gloire du trône accable les sujets.« (v. 29 ff.)

Das hindert den Dichter aber nicht, das Glanzvolle der Regierung Ludwig's, die Frankreich auf lange Zeit zur herrschenden Nation machte, anzuerkennen. Ungern geht er, wie er einige Jahre vor seinem Tode sagt, aus dem Leben in einer Zeit, die Ludwig zu einem neuen goldenen Zeitalter zu gestalten versprach. (Poésies Diverses, No. 90, v. 93 ff.; Bd. X, S. 330.)

Nicht übersehen dürfen wir auch die Stärke der Abneigung, die Corneille gegen das Treiben am Hof empfand. Auch darin unterscheidet er sich von seinen Vorgängern.

Eine weitere Unterscheidung liegt in der grossen, von sittlichem Pathos erfüllten Auffassung des Staates, die Corneille in einer anderen Gattung der Dichtkunst, als die lyrische Gelegenheitspoesie der richtigen Hofdichter es war, zum Ausdruck bringt, und die das Grundelement seiner dramatischen Dichtung bildet. Über fast alle Fragen des Staatslebens hat sich Corneille in seinen Werken geäussert, und wir haben, was wir bei Ronsard und Malherbe nicht konnten, eine systematische Darstellung seiner Staatslehre geben können.

Nachdem wir den politischen Charakter der dramatischen Werke Corneille's aus seiner normannischen Herkunft und aus seiner Kunstlehre heraus zu erklären versucht, ihn auch äusserlich in dem politischen Stil und der Bühnengeschichte einzelner Dramen erkannt hatten, legten wir in dem Abschnitt über die Quellenbehandlung dar, dass Corneille ein nationaler und kein historischer Dichter ist, dass er historische Treue wohl hie und da in Äusserlichkeiten bewahrt, sonst aber seine Stoffe nach einer bestimmten Anschauung von Staat und Herrscher erfasst und umändert.

Der König erscheint als Stellvertreter der göttlichen Macht, Gott ähnlich in äusserer Machtbefugnis und in Gesinnung. Seine sittliche Stellung gründet sich auf die Tugend im weitesten Sinn des Wortes. Das höchste Prinzip seines Handelns muss das Staatsinteresse sein. Ihm ordnet er Leidenschaften und Wünsche durch die höchste königliche Tugend, die Selbstbeherrschung, unter. Eine sich natürlich äussernde Liebe, die auf nichts Rücksicht nimmt, kann es in einem solchen System nicht geben. Die »amour politique« ist die Art der Liebe, die Fürsten allein hegen dürfen. Bei der Wahl zur Ehe, die von höchster Wichtigkeit für den Staat ist, herrscht nur die durch das Staatsinteresse bedingte Vernunft. Die Liebe wird so zum Rang eines Vergnügens erniedrigt und spielt bei Corneille eine sehr untergeordnete Rolle. Neben der Selbstbeherrschung erscheinen vor allem Gerechtigkeit und Klugheit, ohne die die Tugend eine »vertu brutale« ist, als Prinzipien der Herrscherthätigkeit. Mut und Ehrgeiz, Stolz, Hoheit und Grösse werden, zum Teil etwas konventionell gefasst, vom Herrscher gefordert. Dabei soll er Gnade üben und mit Liebe über seine Unterthanen herrschen. Das gegebene Wort zu halten ist für den Herrscher eine ernste Pflicht. Das Ideal des Herrschers ist derjenige Fürst, der, ganz auf sich selbst gestellt, in seiner Person die höchste Tugend und die höchste Geisteskraft vereinigt.

Ergeben sich hieraus eine ganze Reihe von Beschränkungen in sittlicher Beziehung, so ist doch die Herrschgewalt des Monarchen von keinem positiven Gesetz beschränkt; sie ist absolut. Der Staat erscheint als Eigentum des Herrschers. Alle gesetzgebende Gewalt ist in ihm vereinigt; er selbst steht aber über dem Gesetz: Regis voluntas suprema lex est.

In den sittlichen Beschränkungen der Herrschergewalt ist Corneille mit den hugenottischen Publizisten und mit Bodin einer Meinung, in der Statuierung der rechtlichen Unbeschränktheit befindet er sich in teilweiser Übereinstimmung nur mit dem letzteren.

Es ist selbstverständlich, dass die Herrscher bei Corneille legitimer Abkunft sein müssen, dass in der Königsfamilie die Erblichkeit der Krone, Primogenitur und das Salische Gesetz herrschen.

Von den Unterthanen besprachen wir zunächst die Stellung der Minister. Aus dem Verhältnis des Dichters zu Richelieu und in Erwägung der späteren Stellung Ludwig's XIV. entsteht die Meinung des Dichters, dass es am besten sei, wenn der Herrscher keinen Premierminister hat. Ministerherrschaft wird als ein grosses Übel für den Staat verworfen. Die oberste Pflicht des Unterthanen ist unbedingter Gehorsam, für Adlige und Angehörige des Volkes gleich bindend. Das Leben selbst kann der Herrscher vom Unterthan fordern, und diese Forderung erscheint fast wie ein Rechtsanspruch. Die Pflichten gegen den Herrscher sind identisch mit den Pflichten gegen den Staat. Die Erfahrungen der Fronde mögen unseren Dichter zu dieser strengen Auffassung der Pflichten der Unterthanen geführt haben.

Die Vaterlandsliebe wird bei den Unterthanen als schönste Tugend gepriesen. Das Glück der Gemeinschaft schafft ja auch eignes Glück. Der obersten Pflicht, das Vaterland zu lieben, ordnen sich alle anderen Pflichten unter.

Das Staatsverbrechen des Unterthanen ist zweifacher Art. Die eine Art besteht im Ungehorsam, die andere darin, dass der Unterthan an Macht und Tugend den Herrscher überragt.

Der Adel erscheint bei Corneille in der vorteilhaftesten Schilderung. Er vor allem bethätigt die höchste staatsbürgerliche Tugend: die Vaterlandsliebe. Die Ehre ist der Leitstern seines Handelns.

Dagegen erscheint das Volk in der Stufenfolge der Stände am tiefsten stehend. Diese niedere Stellung erklärt sich nicht nur aus der niederen Abstammung, dem anders gearteten Blut, sondern gründet sich auch auf eine moralische und geistige Inferiorität. In seinem mehr impulsiven Handeln lässt das Volk die Leitung durch die Vernunft vermissen.

Zum Schluss besprachen wir die religiösen Ansichten unseres Dichters und fanden, dass er gläubiger Katholik war, aber im

Sinne der gallikanischen Richtung, nach der die geistliche Macht der staatlichen untergeordnet ist. Die Protestanten werden von ihm aufs schärfste verurteilt, vor allem wegen ihrer staatsgefährlichen Bestrebungen. Von jansenistischem Einfluss ist bei Corneille keine Spur zu finden: die Willensfreiheit ist die Grundbedingung seiner dramatischen Handlungen.

Litteratur.

Albert, Paul. La Littérature française au dix-septième siècle. 7. Ausg. 1886.
Bartsch, K. Das Fürstenideal des Mittelalters. Leipzig. 1868.
Birch-Hirschfeld, A. Geschichte der französischen Litteratur seit Anfang des XVI. Jahrhunderts. 1. Bd. Stuttgart 1889.
Bluntschli. Geschichte der neueren Staatswissenschaft. 1881. 3. Aufl.
Bluntschli. Deutsches Staatswörterbuch. 11 Bd. Stuttgart und Leipzig. 1857—70.
Burckhardt. Die Kultur der Renaissance. 1860.
Darmstetter et Hatzfeld. Le seizième siècle en France. 5. éd. Paris. 1893.
Gérusez, E. Histoire de la littérature française depuis ses origines jusqu'à la révolution. 2 Bd. Paris. 1891. (20. Aufl.)
Godefroy, F. Histoire de la littérature française depuis le XVI. siècle jusqu'à nos jours. 1. Bd. Paris. 1878.
Guizot. Corneille et son temps. Paris. 1860.
Hanotaux, G. Histoire du Cardinal de Richelieu. I. Bd. Paris. 1893.
Lenient, Ch. La Poésie patriotique en France dans les temps modernes. 1. Bd. Paris. 1894.
Levallois, J. Corneille inconnu. Paris. 1876.
Lossen. Die Vindiciae contra tyrannos. Sitzungsberichte der philosophisch-philologischen und historischen Klasse der königlich bayerischen Akademie der Wissenschaften in München. 1887. 1. Bd.
Lotheissen, F. Geschichte der französischen Litteratur im XVII. Jahrhundert. 4 Bd. Wien. 1878/1884.
Marcks, E. Gaspard von Coligny. Sein Leben und das Frankreich seiner Zeit. I. Stuttgart. 1892.
Philippson. Das Zeitalter Ludwigs XIV. Berlin. 1879.
Ranke. Französische Geschichte. Stuttgart. 1856—1861. 5 Bd.
Roscher, W. Politik: Geschichtliche Naturlehre der Monarchie, Aristokratie und Demokratie. Stuttgart. 1892.
Sainte-Beuve. Portraits littéraires. Bd. I.
Sainte-Beuve. Nouveaux Lundis. Bd. VII.
Stein, H. von. Die Entstehung der neueren Ästhetik. Stuttgart. 1886.
Treitzschke, R. Hubert Languet's Vindiciae contra tyrannos. Leipzig. 1846.
Weill, G. Les théories sur le pouvoir royal en France pendant les guerres de religion. Paris. 1891.

Bodinus, Joan. De Republica libri sex. 1591.
Collections des Mémoires relatifs à l'histoire de France par M. Petitot. Paris. 1821. II. ser. Bd. 10 und 11 (Mémoires du Cardinal de Richelieu sur le règne de Louis XIII).
Darmstetter et Hatzfeld. Morceaux choisis des écrivains du XVI. siècle. Paris. 1891.
Hotmanni, F. Franco Gallia. Francofurti 1665.
Louis XIV. Oeuvres. Paris. 1806. (Treutel et Würtz.) 6 Bd.
Malherbe. Oeuvres de M., recueillis et annotés par L. Lalanne. Paris. 1860—1862. 5 Bd. (Grands Écrivains.)
Rabelais, François, Oeuvres, éd. par Louis Moland. Paris. (Garnier Frères.)
Ronsard, P. de. Oeuvres complètes par M. Prosper Blanchemain. Paris. 1857/1867. 7 Bd.
Satire Ménippée. Nouvelle édition par Ch. Labitte. Paris. 1874.
Vindiciae contra tyrannos. Amstelodami. 1660.

Corneille, P. Oeuvres éd. von Marty-Laveaux. Paris. 1862- 1870. 12 Bd. (Grands-Écrivains de la France.)
Picot, E. Bibliographie Cornélienne. Paris. 1876.

Godefroy, F. Dictionnaire de l'ancienne langue française. 7 Bd. Paris. 1880/1892.
La Curne de Sainte-Palaye. Dictionnaire historique de l'ancien langage françois. 6 Bd.